NA EDUCAÇÃO DA

Solicite nosso catálogo completo, com mais de 500 títulos, onde você encontra as melhores opções do bom livro espírita: literatura infantojuvenil, contos, obras biográficas e de autoajuda, mensagens espirituais, romances, estudos doutrinários, obras básicas de Allan Kardec, e mais os esclarecedores cursos e estudos para aplicação no centro espírita – iniciação, mediunidade, reuniões mediúnicas, oratória, desobsessão, fluidos e passes.

E caso não encontre os nossos livros na livraria de sua preferência, solicite o endereço de nosso distribuidor mais próximo de você.

Edição e distribuição

EDITORA EME
Avenida Brigadeiro Faria Lima, 1080 – Vila Fátima
CEP 13369-040 – Capivari-SP
Telefones: (19) 3491-7000 | 3491-5449
Vivo (19) 9 9983-2575 ☺ | Claro (19) 9 9317-2800
vendas@editoraeme.com.br – www.editoraeme.com.br

⊙ @editoraeme f /editoraeme ▶ editoraemeoficial 🐦 @EditoraEme

Lúcia Cominatto
Espírito: Irmã Maria do Rosário

NA EDUCAÇÃO DA

Alma

UMA VIVÊNCIA DE PAZ
(Mensagens)

*"Procurai com zelo os melhores dons e eu vos
mostrarei um caminho ainda mais excelente"*
Paulo (I Coríntios, 12:31)

Capivari-SP

© 2008 Lúcia Cominatto

Os direitos autorais desta obra foram cedidos pelo(a) autor(a) para a Editora EME, o que propicia a venda dos livros com preços mais acessíveis e a manutenção de campanhas com preços especiais a Clubes do Livro de todo o Brasil.

A Editora EME mantém o Centro Espírita "Mensagem de Esperança" e patrocina, junto com outras empresas, instituições de atendimento social de Capivari-SP.

9ª reimpressão – maio/2025 – de 8.501 a 9.000 exemplares

CAPA | André Stenico
DIAGRAMAÇÃO | Saulo Camargo
REVISÃO | Lídia Bonilha Curi

Ficha catalográfica

Rosário, Maria do, (Espírito)
    Na educação da alma / pelo espírito Maria do Rosário; [psicografado por] Lúcia Cominatto – 9ª reimp. mai. 2025 – Capivari, SP: Editora EME.
    208 pág.

    1ª edição : fev. 2008
    ISBN 978-85-7353-385-9

1. Mensagens mediúnicas. 2. Psicografia – Literatura Espírita.
CDD 133.9

Dedico esta obra aos meus queridos filhos, Sílvia, Sérgio, e Beatriz, para que prossigam em suas lutas evolutivas sem jamais se desviarem do caminho do bem, em cumprimento das metas assumidas quando ainda no Plano Espiritual

Lúcia

Agradeço aos companheiros e amigos da Casa do Caminho - Instituição Espírita, pelo incentivo que me têm proporcionado, e ao meu esposo Ivo Cominatto, pela sua compreensão durante o tempo que tenho me dedicado à elaboração deste livro.

Lúcia

Índice

Introdução	11
A caminho da evolução	13
A casa sobre a rocha	15
A excelência da caridade	17
A função da dor	19
A luz que vem de dentro	21
A outra face	23
A verdadeira felicidade	25
Aceita-te como és	27
Acertos e desacertos	29
Adversidades	31
"Ajuda-te, e o céu te ajudará"	33
Alegria sem falsidade	35
Ama e confia	37
Amar os inimigos	39
Aprendizado	41
Arrependimento e remorso	43
As flores de Maria	45
Às margens da vida	47
Brandura de coração	49
Cegueira íntima	51
Colheita	53
Conscientiza-te	55

Conviver com diferenças 57
Coragem de viver 59
Corpo e alma 61
Crê em Deus 63
Dá de ti mesmo 65
Desajustes no lar 67
Despertamento interior 69
Destino e escolhas 71
Deus contigo 73
Deus em nós 75
Diante do erro 77
Dor... abençoada dor! 79
E a vida continua 81
Em busca de paz 83
Emoções inatas 85
Entre dificuldades e incertezas 87
Esperança 89
Experiências necessárias 91
Exterior e interior 93
Falando de tempo 95
Falsos profetas 97
Fé, esperança e caridade 99
Felicidade 101
Filhos da luz 103
Filhos da paz 105
Fim de ano 107
Fortalece-te! 109
Fraternidade em ação 111
Indulgência 113
Jesus disse 115
Luz e trevas 117
Mágoa 119
Mansidão 121
Na busca da fé 123

Na hora das tormentas 125
Na plenitude do saber 127
Na seara do Senhor 129
Na senda evolutiva 131
Não percas a fé 133
Nas dores da alma 135
Nas tormentas da vida 137
No palco da vida 139
No rumo do bem 141
O bem e o mal 143
O egoísmo 145
O "ter" e o "ser" 147
Paciência... sempre paciência 149
Paz e progresso 151
Pela língua 153
Pelos atalhos da vida 155
Perante as dificuldades 157
Perdoa a ti mesmo 159
Por eles também 161
Por tudo, agradece! 163
Problemas e soluções 165
Prossegue no bem 167
Quando... 169
Quando a dúvida aparece 171
Que farei? 173
Raízes do passado 175
Renovação 177
Resignação e conformismo 179
Rogativas 181
Saber e agir 183
Saber esperar 185
Sem desânimo 187
Sigamos o Cristo 189
Sintonia 191

Socorro oculto 193
Tempo de mudança 195
Testemunhos 197
Testemunhos da verdade 199
Teu corpo, teu tesouro maior 201
Tudo chega e passa 203
Varas secas 205
Vive o hoje 207

Introdução

Nestes tempos conturbados em que as almas passam por grandes aflições, é natural que muitos busquem, além da Medicina, tratamentos alternativos ou recorram ao Espiritismo para se curar dos seus desequilíbrios emocionais.

Após curar, porém, é preciso educar. Do mesmo modo que a cura do corpo exige uma educação constante, através de uma mudança de hábitos para a preservação da saúde, também a alma, após a cura das suas mazelas, deve ser educada para não incidir nos mesmos erros.

Embora a educação também seja um processo de cura, necessário se faz que se busque um burilamento interior para que, pelo aprimoramento, seja a alma elevada a um grau superior de evolução.

Nem sempre, porém, a cura é completa. Resquícios de mágoas ainda persistem em machucar o coração. Lembranças amargas ainda permanecem na memória. O orgulho e o egoísmo levam a alma ao fracasso diante dos deveres morais que lhe compete cumprir.

Cura-se das dores que a faziam muito sofrer, das culpas que a levavam a punir-se, das revoltas que lhe tiravam a paz interior, mas só através da educação é que a alma conseguirá a tudo suportar com fé e resignação cristã.

É com o intuito de a todos nós auxiliar nesse aprimoramento interior, que a Irmã Maria do Rosário vem nos brindar com mais algumas ternas mensagens que nos falam ao coração, dando seqüência ao seu livro anterior *Na Cura da Alma*.

Aproveitemos estes ensinamentos para melhorar a cada dia, convergindo todas as conquistas interiores para a nossa espiritualização, a fim de sobrepujarmos o materialismo que ainda impera em nós.

Na Educação da Alma colabora para essa espiritualização, auxiliando-nos no desenvolvimento de outros valores, mais nobres e divinos, valores esses que nos induzirão a um viver mais feliz e mais próximo de Jesus.

Que estas mensagens, portanto, possam cumprir o que delas se espera, ao renovar as esperanças dos desiludidos, ao reconfortar os corações aflitos e angustiados e ao levar alegria aonde a dor faça morada!

A médium

A caminho da
evolução

"Prossigo para o alvo..."
– Paulo (Filipenses, 3:14)

Ama a Pátria em que nasceste, ama a terra em que cresceste, ama o lar que te acolheu, ama o solo onde hoje pisas...

Vieste a esse mundo, de planos distantes da vida espiritual, destinado a fazer do teu viver terreno, oportunidade crescente de aprimoramento interior. Para isso te foi dado um corpo físico, vestimenta do teu espírito para que, lutando e esforçando-te, pudesses pôr em prática todos os planos de realizações no bem a que te comprometeste antes de aqui reencarnar.

Não desperdices, pois, o tempo de vida que te foi concedido para permaneceres nesse mundo material. Em contato com a matéria, sofrendo as agruras que a vida possa te proporcionar, mas submetendo-te a elas com humildade e paciência, conseguirás superar todas as dores e alcançar um grau superior de evolução.

Não encontrarás facilidades em teus caminhos; incom-

14

preensões de toda sorte bloquearão os teus bons propósitos, intrigas e calúnias poderão enxovalhar o teu nome, inimigos de hoje ou de outras eras, haverão de interferir nos teus planos para retardar a tua marcha evolutiva.

Lembra-te, porém, de que tens Deus a te amparar. Espíritos amigos haverão de proteger-te, se os teus propósitos forem bons e se usares de sinceridade em todas as tuas atitudes no bem que te propuseres realizar.

Em todas as situações que enfrentares, por mais espinhosas ou dolorosas que sejam, não permitas que o bom ânimo possa se arrefecer em tua alma.

Ama sempre, com fervor e pureza de sentimentos, respeitando a todos como gostarias de ser respeitado e caminhos de luz vão se abrir para que consigas cumprir o que prometeste, quando ainda na vida espiritual.

Educa a tua alma e prossegue, filho meu, a caminho da evolução, confiante nas bênçãos de Jesus que não haverão de te faltar.

A casa sobre a rocha

"Todo aquele que ouve as minhas palavras e as observa,
será comparado ao homem sábio que edificou a sua casa
sobre a rocha." – Jesus (Mateus, cap. 7:24)

Quando buscamos os ensinamentos de Jesus e os observamos para que, em nosso caminhar terreno consigamos vivenciá-los, estamos, como disse o Mestre, "edificando a nossa casa sobre a rocha".

Quando, ao contrário, nos distanciamos das sublimes lições que Jesus nos legou, estamos "edificando a nossa casa sobre a areia", sem nenhuma solidez.

Pelo esforço de renovação interior e de exemplificação constante de tudo o que temos aprendido, em termos de moral cristã, solidificamos esses conhecimentos na própria alma. Isto nos dará firmeza de caráter, para não vacilarmos diante das tentações ou de outras situações inusitadas da vida, que nos possam desviar do rumo certo.

Fortalecendo a fé em bases sólidas, não nos faltará a coragem de lutar para vencer as nossas tendências negativas.

A cada encarnação que vivemos em contato com o mundo material e sujeitos a toda espécie de adversidades, encontramos novas oportunidades de fortalecimento interior.

Soprem os ventos dos infortúnios, caia a chuva torrencial das dores que nos atinjam, não desanimaremos nem nos entregaremos à revolta ou ao desespero.

A fé nos traz lucidez interior, clareza mental e condições de confiança plena no amparo divino.

Assim, filho meu, procura conservar, em bases sólidas a tua casa mental, em que a fé te sustente diante das lutas difíceis a enfrentar e o amor não se esmoreça em teu coração.

Faze da tua vida uma luta vitoriosa que te conduzirá, um dia, a um futuro mais feliz, de muita luz e paz.

A excelência da caridade

"A caridade é paciente e benigna; (...) tudo
tolera, tudo crê, tudo espera, tudo sofre.
– Paulo (I Coríntios, 13:4-7)

De todas as virtudes, a mais excelente é a caridade, por abranger as demais.

A caridade tudo tolera...

Por mais que a vida nos agrida, se tivermos caridade, tudo saberemos tolerar, sem desespero ou revolta. Por mais que os homens queiram nos ferir, caluniando-nos, maltratando-nos ou perseguindo-nos, tudo suportaremos, com tolerância e entendimento.

A caridade tudo crê...

Se tivermos caridade, não nos faltará a fé; confiaremos em Deus e no amparo do Alto; acreditaremos em nós mesmos para prosseguir lutando; acreditaremos em nossos irmãos de caminhada, na certeza de que, como nós, são também filhos de Deus, necessitados de amor e de paz.

A caridade tudo espera...

Se a caridade residir em nosso coração, não nos im-

18

pacientaremos quando o auxílio que esperamos receber se fizer tardio; saberemos aguardar, com paciência ilimitada, que as dificuldades se diluam na fonte do amor; confiaremos em nossos irmãos, no que possam fazer por nós, para aplacarem as nossas aflições.

A caridade tudo sofre...

Se tivermos caridade, saberemos aceitar, com serenidade, todas as dores e dificuldades a enfrentar, quando nos decidirmos servir por amor, para amenizar, um pouco que seja, o sofrimento de nossos irmãos em Deus.

A caridade é benigna, paciente, não se irrita, apesar das incompreensões que se possam sofrer. Não se ensoberbece por aquilo que se possa realizar no campo do bem. Busca sempre a verdade e evita toda forma de injustiças.

Cultiva-a dentro de ti, filho meu, para que consigas ser um exemplo vivo dessa virtude sublime e, relembrando Paulo, o valoroso Apóstolo dos Gentios, possas também dizer:

— "Se eu falar a língua dos anjos (...) e tiver toda a fé possível (...), mas não tiver caridade, nada sou."

A função da dor

*"Mas se padece como cristão, não se envergonhe, antes
glorifique a Deus nesta parte."*
(I Pedro, 4:16)

Deus ama a todos os Seus filhos igualmente, mas, é justamente por amar, que Ele permite a dor para que a evolução se realize.

A dor traz despertamento interior, levando o ser, em qualquer estágio evolutivo em que se encontre, a buscar corrigir em si próprio aquilo que precisa ser melhorado.

Ninguém veio a este mundo para sofrer. Contudo, se passas por momentos dolorosos, se tens uma existência repleta de dificuldades ou de aflições, naturalmente é por resultado da tua própria imperfeição.

Deus, na Sua Onipotência e Onisciência, jamais condenaria um filho Seu ao sofrimento, apenas com o intuito de puni-lo. Ninguém, em sã consciência, castigaria uma criança por ainda não saber agir como um adulto. Cada um a seu tempo e do modo que puder, conseguirá, aos poucos, renovar-se para melhor e vencer as próprias fraquezas, inseguranças e outras imperfeições.

A dor é o santo remédio que o Pai, por Sua Misericórdia, a todos nós oferece para que tenhamos "olhos de ver" e "ouvidos de ouvir", diante das situações da vida que nos impulsionem a uma renovação de atitudes e, conseqüentemente, a um crescimento interior.

A evolução do espírito se faz por meio de lutas, de esforço constante, de superação das dificuldades, mas também de aquisição de virtudes, a fim de que se consiga transformar em bem, o que estaria sendo um mal dentro de nós mesmos.

Não te atormentes, pois, filho querido, se a vida, hoje, para ti se faz tão difícil! Seca as tuas lágrimas, apazigua o teu coração, reveste-te de paciência e de coragem. Buscando dentro de ti mesmo uma vontade imensa de crescer, encontrarás a humildade suficiente para tudo aceitar e suportar sem revolta, confiante de que tudo são nuvens passageiras. Reconhecerás, com certeza, que a dor que possas estar atravessando, são ensinamentos preciosos que te proporcionarão uma vida futura melhor.

Algo, certamente, ainda precisas aprender. Analisa a ti mesmo e perceberás o que em ti precisa ser modificado. E, acima de tudo, reconhecerás que a função maior da dor, é a de ensinar-nos a amar.

A luz que vem de dentro

"Vós sois a luz do mundo."
– Jesus (Mateus, 5:14)

Reajusta-te, filho meu, nas situações conflitantes que hoje envolvem o teu viver. Afasta as nuvens sombrias que possam pairar sobre a tua cabeça.

Reajusta-te contigo mesmo, asserenando o teu coração e buscando novos rumos a seguir, perante as incertezas que entravam os teus passos na hora de agir.

Não sabes o que fazer, que atitudes tomar, como agir com acerto diante das situações surgidas em teus caminhos, na convivência com outros irmãos.

Estende amor, onde a lágrima possa surgir; estende perdão, onde a agressividade supere todos os limites; estende compreensão, onde o desentendimento provoque atritos constantes.

Exemplifica aquilo que já conseguiste aprender, usando de mansidão e ternura ante os desajustes e desequilíbrios que venhas a presenciar. Deixa que sentimentos puros e nobres brotem do teu coração, para que essa luz que

22

vem de dentro do teu ser, possa envolver os que estejam à tua volta, numa irradiação benfazeja de amor e de paz.

E essa luz será, na realidade, uma pequena réstia da imensa luz de Jesus, que poderás conquistar através do teu esforço de renovação íntima, se souberes amar sem egoísmo e perdoar sem restrições.

Sê caridoso em todas as situações. A caridade, porém, não se faz apenas de recursos que supram as carências materiais de alguns irmãos, nem mesmo, de algumas poucas palavras de incentivo e de fé que se possam dizer num momento de emoção, mas sim, de renúncia e de abnegação constantes, numa demonstração de amor em toda a sua extensão.

Deixa, assim, que o amor dirija todos os teus atos, todas as tuas palavras, todos os teus pensamentos e sentimentos, para que a luz que venha a se irradiar de tua alma, testemunhe o teu crescimento interior.

A outra face

*"...mas se alguém te ferir na tua face direita, oferece-lhe
também a outra."*
– Jesus (Mateus, 5:39)

Quando a maldade humana, de alguma forma causar-te prejuízos, quando a calúnia vier a enxovalhar o teu nome, quando te sentires ferido pelas pedras que te atirarem, ao invés de revidar as agressões recebidas ou de atirar outras pedras, faze como Jesus ensinou: "oferece a outra face".

É o orgulho ferido que nos leva a retribuir o mal com o mal, a reagir diante das ofensas recebidas. Oferecer a outra face, porém, não é uma atitude de covardia ou de humilhação e sim, demonstração de grandeza interior.

Se considerares o teu agressor como um doente da alma, sentirás piedade por compreender que toda maldade por ele praticada resultará em prejuízo próprio, pelo acúmulo de dívidas a ser resgatadas perante a Justiça Divina.

Oferecer a outra face é saber perdoar e esquecer todo o mal com que tenham tentado nos envolver. Assim, se também souberes agir, perdoando e esquecendo as agressões recebidas, estarás demonstrando superioridade moral, e não, igualando-te ao agressor.

Oferecer a outra face é uma figura de expressão, que não deve ser tomada em seu sentido literal. É, na realidade, saber desejar e praticar o bem a quem nos deseja ou nos faça algum mal.

Aquele que já conseguiu alcançar um grau superior de evolução, nem mesmo sentir-se-á ofendido perante as ofensas alheias.

Assim agiu Jesus quando, perseguido, vilipendiado e crucificado, soube rogar a Deus por seus algozes, dizendo:

"–Pai, perdoa-lhes, porque não sabem o que fazem!"

Faze tu o mesmo, meu irmão!

A verdadeira felicidade

"Porque o meu jugo é suave e o meu fardo é leve."
– Jesus (Mateus, 11:30)

Nada na vida se compara à necessidade de ser feliz, que o ser em evolução sente, nos recônditos da própria alma.

A felicidade, porém, não se encontra onde muitos a procuram: nas alegrias fúteis e passageiras, nas posses materiais que só acarretam mais preocupações, na busca de prazeres que apenas deslumbram os sentidos, enfim, em tudo o que possa trazer para a alma, conseqüências dolorosas futuras.

A verdadeira felicidade reside na paz de consciência, por tudo de bem que se consiga realizar na vida, não só em favor do próximo, mas da própria evolução.

Ser feliz é uma conquista interior do ser, pela busca do crescimento da alma. Até mesmo as situações mais difíceis ou dolorosas da vida, podem resultar em momentos de alegria infinda pela certeza de se ter feito o melhor no próprio caminhar terreno.

Não te detenhas, pois, meu irmão, em queixas ou amarguras constantes, pelas situações constrangedoras que possas atravessar na vida. Busca sim, com aceitação

26

e coragem, enfrentar todas as agruras ou percalços que tiveres de passar, para que construas, para ti mesmo, um futuro luminoso, com as bênçãos e a paz de Jesus.

Se hoje podes sentir que o fardo que carregas se faz pesado demais, agradece a Deus Pai que, através daquilo que consideras como sendo um mal, prepara para ti o bem que desejas alcançar, com tanto fervor: a felicidade!

Aceita-te como és

"...não ambicioneis coisas altas, mas acomodai-vos às humildes."
– Paulo (Romanos, 12:16)

Filho querido, aceita-te como és, com as tuas limitações, mas esforça-te por superá-las, para que os teus horizontes se ampliem.

Aceita-te como és, com as tuas imperfeições, mas luta constantemente por superá-las, através de uma renovação interior.

Aceita-te como és, com o teu modo de agir e de ser, mas procura transformar-te para melhor, para que a bondade supere em ti, qualquer sentimento que te embruteça.

Aceita-te como és, com teu corpo não tão belo e perfeito como desejarias ter, mas procura formar em ti aqueles dons sublimes que poderão refletir a beleza da tua alma.

Aceita-te como és, culto ou ignorante, contudo, procura esforçar-te por conhecer e aprender sempre mais e mais, lembrando-te de que a própria vida também ensina.

Aceita-te como és, vivendo na miséria ou na abastança, mas com o pouco que possas ter, procura oferecer algo ao teu próximo, mesmo que venha a fazer-te falta, lembrando-te, também, de que as maiores riquezas são as virtudes que souberes adquirir.

Aceita-te como és, saudável ou enfermo, mas, mesmo nas piores condições de saúde, lembra-te de estender um pouco mais de amor e de paz, sendo grato aos que te amparam nas tuas lutas e dificuldades.

Aceita-te como és, mesmo vivendo só e abandonado, mas, no teu caminhar terreno, enxerga na tua família maior, que é toda a humanidade, a família que a vida te negou, pelo bem que puderes a todos externar.

Aceita-te, enfim, como és, sem revolta ou descontentamento, por saberes compreender que a vida te situou no lugar ou na condição de que necessitavas para poderes evoluir. E, à medida que, humildemente, te submeteres à vontade suprema de Deus, estarás preparando para ti mesmo um futuro bem melhor.

Acertos e desacertos

"Entrai pela porta estreita, porque larga é a porta, e
espaçoso o caminho que leva à perdição..."
– Jesus (Mateus, 13:14)

Todos na vida têm os seus momentos de incerteza sobre o que fazer ou não fazer nos caminhos a percorrer.

Pelo grau evolutivo em que o homem transita nesse mundo, é natural que ainda não tenha suficiente discernimento do certo ou do errado e, por isso, muitas vezes indague de si mesmo como agir diante de determinadas situações.

Contudo, filho meu, mesmo diante de tuas dúvidas, é preciso conscientizar-te de que é enfrentando os caminhos que julgues certos, que aprenderás as lições que a vida tenha a te oferecer. Mas, se nem sempre acertares, é através dos desacertos que adquirirás experiências para não mais duvidares quando situações semelhantes se repetirem em teu viver.

Não temas, portanto, vai em frente com toda a tua coragem e munido de fé. Se hoje errares, amanhã poderás acertar. Se caíres, levanta-te e começa tudo de novo.

Erro é lição; dificuldade é oportunidade de crescimento interior. Nem sempre é possível acertar nas nossas es-

30

colhas.

Se sofreres as conseqüências dos teus enganos, não lastimes ainda assim. Ora e confia; um dia haverás de acertar. O que importa é o cabedal de experiências que conseguires adquirir.

Se Deus nos criou a todos simples e ignorantes, foi para que, através do nosso próprio esforço adquiríssemos experiências no decorrer de diversas encarnações. Não queiras assim, condenar-te por teres feito escolhas erradas.

Não se exige de uma criança que esteja cursando os primeiros graus de aprendizado, os conhecimentos de um catedrático. Deus, reconhecendo-nos como crianças espirituais, certamente não haverá de nos punir pelos nossos desacertos na vida, mas sim, nos mostrará novos rumos a percorrer, até que consigamos adquirir conhecimentos e experiências que nos proporcionem condições de acertar para não mais buscarmos caminhos que nos levem à dor.

Adversidades

"Também nos gloriamos nas tribulações"
– Paulo (Romanos, 5:3)

Não chores mais pelas adversidades do passado. Lastima, sim, pelas oportunidades que perdeste, por não tê-las aproveitado para o crescimento interior.

Também, não chores pelas adversidades de hoje e sim, esforça-te por corrigir os erros, libertando-te das imperfeições, para que o teu amanhã se faça de luz e de paz, e não mais queiras chorar.

De cada adversidade da vida, procura tirar alguma lição. De cada dor que te atinge, de cada problema que enfrentas, de cada contrariedade que surge, algo mais procura aprender.

A vida ensina de maneiras diversas, embora nem sempre consigas compreender. Ao invés de te revoltares ou de te entregares ao desespero, mergulha fundo na própria alma para veres onde estejas a errar, a fim de que as lições da vida possam tornar-te um pouco melhor.

Assim, de adversidade em adversidade, irás vencendo as tuas imperfeições para poderes adquirir as virtudes de que ainda careces.

Se as dificuldades e os problemas são, para ti, um desafio, procura superá-los com a virtude da paciência aliada à perseverança, que deverás procurar conquistar.

Se aqueles que não te compreendem e muito exigem de ti, transformam o teu viver em momentos de angústia ou de dor, esforça-te por adquirir as virtudes da tolerância e da resignação, para que possas prosseguir em tuas lutas sem desânimo ou indignação.

Se te sentes oprimido e revoltado com as críticas que te fazem, vence o orgulho que te leva a sofrer, para que a virtude da humildade te faça tudo suportar com aceitação e coragem, procurando, através do trabalho no bem, dar testemunhos de que estejas agindo corretamente.

Se, pelas necessidades materiais, tens de renunciar a alguns desejos imediatos ou àquilo com que mais sonhas, aproveita o momento difícil que atravessas para cultivar a virtude da simplicidade de coração, sem te esqueceres de estender as mãos em socorro daqueles que se encontrem em privações bem maiores que as tuas.

Nas adversidades que surgem, a vida escreve o teu destino, que haverá de ser melhor se souberes delas tirar os ensinamentos de que careces para a conquista de luz, e para não mais mergulhares nas trevas.

"Ajuda-te, e o céu te ajudará"

"Pedi, e dar-se-vos-á; buscai, e achareis; batei, e abrir-se-vos-á." – Jesus (Mateus, 7:7)

Quando Jesus disse: "Pedi e dar-se-vos-á; buscai e achareis..." não se referia apenas às necessidades materiais, mas também às necessidades da alma. Para isso, porém, não bastam as rogativas feitas com fé; é preciso esforço próprio para a aquisição daquilo que se pede ou se busca.

Do mesmo modo que as conquistas materiais necessárias à própria sobrevivência requerem de nós trabalho e perseverança, estudo para a ampliação de conhecimentos que proporcionem condições de adquiri-las, as conquistas do espírito também requerem esforço e boa vontade para que se possa efetuar uma reforma íntima, tão necessária para a alma, quanto o pão para o corpo. É o "pão da alma" citado no Evangelho e que só se adquire à custa de aprendizado e de vivência dos ensinamentos de Jesus.

Se nós não nos ajudarmos, como esperar ajuda divina? Se nós não cooperarmos na modificação das nossas atitudes, dos nossos pensamentos e sentimentos, como alcançar

34

o bem que desejamos?

A vida se faz de lutas constantes, não só em relação às necessidades do corpo, mas também às do espírito. Deus nos deu para isso inteligência e livre-arbítrio, mas é necessário que saibamos usá-los em favor do nosso aprimoramento interior, sem egoísmo e sem desrespeitar as Leis Divinas.

Ajudemos a nós mesmos, lutando e esforçando-nos por melhorar a cada dia. Não basta cobrarmos dos outros aquilo que ainda não somos, nem podemos oferecer. A felicidade não nos é dada de graça, não nos acontece como uma bênção, se não fizermos por merecê-la.

Reclamamos, muitas vezes, das dificuldades que encontramos, das incompreensões do próximo, mas nem sempre sabemos movimentar os braços, nem estender as mãos e abrir o coração, para algo fazermos em favor da paz que desejamos usufruir.

Amemos, para sermos amados.

Façamos o bem, para o bem recebermos.

Sejamos compreensivos, se quisermos ser compreendidos.

Saibamos primeiramente dar, para depois receber.

Ajudemo-nos, para que o céu nos ajude.

Alegria sem falsidade

"Regozijai-vos sempre."
– Paulo (I Tessalonicenses, 5:16)

Todas as vezes em que a alegria vem mascarada de falsidade, medita nas conseqüências que tal atitude poderá trazer para ti mesmo. Rir a todo instante, por tudo e por nada, demonstra desequilíbrio.

A alegria sincera, verdadeira e pura, é aquela que resulta do prazer que se sente pelos bons atos praticados e do amor cultivado como forma de realmente querer bem.

Não te coloques assim, filho meu, em situações em que a alegria ressoe de tua alma com dissonância dos teus reais sentimentos. Sê sincero nos atos, sê verdadeiro nas demonstrações exteriores de afeto, para que a hipocrisia não faça parte do teu modo de ser e de agir.

Nada é real, se vem acompanhado de atos teatrais; nada é puro, se vem revestido de impurezas do coração.

Só a harmonia conquistada à custa de esforço interior por vencer os maus sentimentos, poderá proporcionar essa alegria espontânea que surge do imo da alma. Saberás, então, a tudo enxergar com olhos complacentes, para que percebas beleza, encantamento e alegria em tudo o que vês.

Só a pureza de sentimentos evitará que vejas maldade

36

ou impurezas nas situações que vivenciares ou presenciares e que poderiam levar-te a atitudes irônicas ou de hipocrisia.

Ama a vida como ela é, com todas as dificuldades que nela se apresentem. Até mesmo das dores que enfrentas, podes tirar alguma satisfação, pelas lições que elas venham a te proporcionar.

Ama a Natureza à tua volta, as flores, os pássaros, as árvores, os rios e cachoeiras..., o próprio ar que respiras. Ama o mundo em que vives e tudo de belo e de bom que ele possa te apresentar.

Ama a ti mesmo, aceitando-te como és, com tuas imperfeições, mas esforçando-te por superá-las para o próprio bem.

Sê alegre em todas as circunstâncias; sorri sempre, mesmo tendo o coração a sangrar, pois o sorriso revela simpatia e é uma forma de bem se relacionar, e para que possas encontrar nas próprias lutas da vida, alegria de viver.

Se assim agires, certamente os teus momentos de alegria externarão pureza de sentimentos, pois serão verdadeiros, porque oriundos de tudo de bom e de belo que conseguires conquistar dentro de ti.

Ama e confia

"Onde está o teu tesouro aí está o teu coração."
— Jesus (Mateus, 6:21)

Ama e confia sempre. Ninguém na vida está ao abandono. Todos têm ao seu redor, alguém a ampará-lo e a orientá-lo em sua caminhada evolutiva.

Se desejas alcançar o bem, é preciso confiar e saber amar. Se o teu tesouro está na realização das boas obras, procura a elas dedicar-te com amor e fé.

Por mais que a vida se te apresente difícil e os teus caminhos sejam tortuosos, com encruzilhadas e obstáculos a vencer, ama e confia.

É amando o teu próximo como a ti mesmo, é confiando em Deus Pai, que encontrarás forças para vencer as dificuldades, a fim de poderes alcançar aquilo que tanto buscas.

Não te desesperes quando o céu de tua existência se apresentar nublado e não souberes qual rumo tomar. Deixa que o sol da esperança te clareie as idéias e renove os teus ideais, mas procura inundar o teu coração de amor e confiar nesse Pai de Misericórdia que ama e espera por todos os Seus filhos no Seu Reino de Infinito Amor.

Trabalha, luta, esforça-te, mas não percas a fé em momento algum. A vida muito espera de ti. As tuas responsa-

38

bilidades crescem, mas, se souberes cumpri-las a contento, resultarão em benefícios para ti mesmo, meu irmão.

Ora sempre, ama e confia, pois Jesus, o Divino Mestre, também confia em ti. Faze, assim, da tua vida um hino de amor constante, procurando aproveitar o tempo que te foi confiado por Deus, para amparar aqueles que passam por dolorosas e aflitivas provações.

Não te desesperes, se ainda não conseguiste realizar os teus sonhos mais nobres. É amando e confiando que o bem se tornará realidade em tua vida.

Paz em teu coração é o de que, no momento, precisas para que consigas confiar sem nenhum resquício de dúvida e possas amar sem permitires que mágoas ou outros sentimentos negativos interfiram nos teus propósitos de realização do bem.

Ama e confia, como Jesus te ama e também confia em ti.

Amar os inimigos

"Eu, porém, vos digo: amai os vossos inimigos."
– Jesus (Mateus, 5:44)

O apelo do Divino Mestre para que amemos nossos inimigos é de real significação. Necessário se faz, portanto, que saibamos entender e perdoar aqueles que, de alguma forma, nos firam, seja pela agressão ou pela calúnia, pelo prejuízo que nos causem ou pela perseguição gratuita que nos proporcionem.

Se analisarmos, com indulgência, o mal que nos tenha sido feito, compreenderemos que, certamente, aqueles que possamos ter como inimigos, na realidade, são os instrumentos de que o Pai Maior se serve para nos reajustar os próprios desequilíbrios.

Se os amigos têm sido, para nós, por demais complacentes com as nossas fraquezas, sentindo-se mesmo, na maior parte das vezes, constrangidos em apontar-nos alguns defeitos, do mesmo modo não agem os inimigos, que nos atiram na face qualquer mal que, mesmo involuntariamente, tenhamos praticado.

Não lhes guardando rancor ou ressentimentos, sabendo perdoar sem restrições e, até mesmo desejando-lhes o bem em vez do mal, estaremos cumprindo, em parte, as

40

recomendações do Senhor.

Amar os inimigos, porém, exige de nós um pouco mais: saber estender-lhes a mão, quando necessitem, fazendo por eles, o que gostaríamos que nos fizessem, se a vida nos fizer passar pelas mesmas situações que estejam a atravessar.

Portanto, filho meu, quando a maldade alheia te atingir de alguma forma, não revides, jamais. E, com humildade, procura repetir com Jesus: "Pai, perdoa-lhes, porque não sabem o que fazem!" Se assim não agires, estarás demonstrando que ainda, também não sabes o que fazes.

Aprendizado

"E qualquer que não levar a sua cruz, e não vier após mim, não pode ser meu discípulo."
— *Jesus (Lucas,14:27)*

Das dores que te atingem, procura tirar alguma lição que te acalme as aflições e te permita evoluir.

Das lutas que enfrentas, vencendo as dificuldades que surgem, superarás as tuas inseguranças para que te faças mais forte interiormente.

Das incompreensões que sofres, porque te deixaste atingir, aprende a entender, sem nada exigir.

Das calúnias que te enxovalham o nome, reergue-te do atoleiro em que mergulhas, mostrando a pureza de alma que conquistarás, se a tudo souberes perdoar.

Das aflições da vida, procura algum aprendizado para que prossigas lutando em paz.

Das lições que aprendeste, reconhece o que, em ti, precisas modificar, para que te faças melhor a cada dia, exemplificando os ensinamentos de Jesus.

A vida, filho meu, se faz de aprendizado constante. Não percas, assim, as oportunidades que surgem em teu viver, para cresceres um pouco mais e para, do Mestre do Amor, conseguires te aproximar.

42

Ama e abençoa, entende e perdoa sempre, aceitando, com resignação e fé, todas essas lições, que são os recursos usados por Deus para poder nos educar.

Arrependimento e remorso

"Se tu és o Cristo, salva-te a ti mesmo, e a nós outros."
(Lucas, 23:39)

Arrependimento e remorso, duas palavras que se confundem, mas que expressam sentimentos opostos.

Enquanto o arrependimento leva a atitudes positivas de renovação interior, o remorso gera atitudes negativas de condenação a si próprio.

Se o arrependimento induz à busca de mudança de atitudes e correção do próprio erro, o remorso cria na alma sentimentos de revolta, de culpa, de amargura, de anular-se interiormente.

Se o arrependimento leva a um crescimento interior pela fé que o inspira, o remorso leva à negação de si próprio pela falta de fé que lhe traria força e coragem para uma busca de renovação.

Pelo arrependimento, o homem aprende a não mais cometer o mesmo erro. Pelo remorso, ele se entrega a situações de desespero, que podem levá-lo à depressão, à loucura ou até mesmo a atentar contra a própria vida.

44

O arrependimento gera satisfação na alma ao reconhecer em si mesmo as imperfeições de que todos os seres humanos são suscetíveis, mas com a certeza de que poderá melhorar. Pelo remorso, porém, o homem nada percebe além da sua própria dor.

Exemplos disso o foram o bom e o mau ladrão do Evangelho, crucificados ao lado de Jesus. Enquanto o bom ladrão, sinceramente arrependido pelos maus atos cometidos, revestia-se de esperanças de ser perdoado e poder alcançar um lugar no paraíso ao lado do Mestre, o mau ladrão, blasfemando, remoía-se interiormente, pelo remorso de não ter conseguido se salvar, e não mais poder continuar nos seus desatinos.

Assim sendo, filho meu, quando cometeres alguma falta, mesmo que involuntariamente, procura agir com arrependimento, como aquele que, confiando no perdão divino, procurou renovar-se com Jesus, na certeza de que, com ele, haveria de estar.

As flores de Maria

"Mulher, eis aí o teu filho(...)eis aí a tua mãe."
– Jesus (João,19:26 e 27)

Cultiva, filho meu, em teu jardim interior, no campo de tua alma, as flores de amor e de caridade, quais as que Maria, a doce e terna mãe do Salvador, soube cultivar no coração, para oferecer a todos os que a buscavam para consolo de suas aflições.

Como é por muitos sabido, com o retorno de Jesus à vida espiritual, Maria passou a viver em companhia de João, a quem amava como um verdadeiro filho, e dedicou o resto de seus dias a acolher, no coração amoroso, embora dilacerado pela dor, todos aqueles que sentiam falta do Mestre querido.

Prossegue, assim, tu que também sofres, a igualmente socorrer os aflitos que te busquem, oferecendo-lhes as mesmas flores de Maria, se as souberes cultivar em teu coração: flores de esperança, de ternura, de incentivo à fé e à coragem, de humildade e paciência, para que consigas não só amparar os caídos da vida, mas impulsionar o crescimento interior de cada um.

Permite que, dessas flores, possa exalar o mais doce perfume: o perfume do amor. Então, Maria, na sua doce

46

ternura, haverá de transformar-te a vida numa perene sementeira de amor e de luz; e, ao regá-las com tuas próprias lágrimas, conseguirás fazê-las florescer para amparar, socorrer e orientar a todos aqueles que, em desespero, buscarem o aconchego do teu coração.

Às margens da vida

"Quem não é comigo, é contra mim..."
– Jesus (Mateus, 12:30)

Às margens da vida, tu também estiveste um dia, sem que te lembres. O esquecimento de um passado em que amargaste a dor da miséria e do abandono, foi uma bênção de Deus Pai, para que hoje, palmilhando outros caminhos, pudesses avançar um pouco mais na tua jornada evolutiva.

O que sofreste no ontem foi necessário para que te libertasses do orgulho que te levava a praticar atos desumanos para com os teus irmãos.

Hoje, porém, resgatados os teus débitos, novas oportunidades te foram proporcionadas. Necessário se faz que não te esqueças daqueles outros irmãos que ainda se encontram à margem da vida, daqueles que ainda amargam a dor da miséria e da degradação moral.

Sufoca dentro de ti os desejos e ambições egoístas para que tenhas o coração abrandado diante do sofrimento do próximo. Lembra-te sempre de levar o pão material aos que têm fome, o agasalho aos que padecem de frio, o medicamento aos enfermos do corpo. Mas leva, também, o pão espiritual aos que carecem de conhecimentos, de amor e

48

de paz.

Agradece a Deus pelo alimento que não te falta à mesa, pela fartura de que hoje desfrutas, pela vida relativamente mansa que usufruis, mas não deixes de estender tuas mãos e o teu coração, para abrigar os que te busquem, necessitados de algo que lhes proporcione condições de viver com dignidade.

Ama, ampara e abençoa, para que muitas bênçãos de Deus, o Pai Celestial, faças por merecer.

Brandura de coração

"... não endureçais os vossos corações."
— Paulo (Hebreus, 3:15)

Segundo a recomendação de Paulo, na Epístola aos hebreus, é preciso que saibamos nos preservar da dureza de coração.

Aquele que ama verdadeiramente, e que deseja ser bom em suas atitudes, jamais deverá permitir que sentimentos menos elevados o levem a atos que magoem, pela falta de tolerância e de compreensão perante as atitudes alheias.

Sejamos mansos e compassivos, para que consigamos desculpar, com sinceridade, qualquer mal que percebamos ou que venhamos a sofrer da parte de nossos irmãos.

A dureza de coração não se coaduna com a bondade, que o verdadeiro seguidor do Cristo deve demonstrar. É preciso que se voltem para o bem todos os pensamentos e sentimentos daquele que se intitula espírita-cristão, para a extensão do amor ao próximo.

Jamais façamos a alguém o que não gostaríamos que nos fizessem. Portanto, abrandemos o coração, muitas vezes ressentido pelo ódio, pelas mágoas ou pela indiferença alheia.

50

Procuremos dar de nós, mesmo sem nada recebermos em troca.

Procuremos amar, mesmo sem sermos amados.

Procuremos perdoar e esquecer, mesmo que não recebamos o mesmo, se, porventura, ferirmos alguém.

Tolerância e compreensão, também são formas de caridade que devemos tentar exercer.

Preserva-te, pois, filho meu, das atitudes negativas em que ainda te acomodes, tenta libertar-te de quaisquer endurecimentos a que o teu coração ressentido possa te levar.

Ama, perdoa e abençoa sempre, para que te faças merecedor do amor, do perdão e das bênçãos de Jesus, que a todos nós tem amparado e orientado em nosso crescimento interior.

Ele, que, na cruz, sofreu uma das maiores ignomínias pelas quais um ser humano pode passar, nos deixou uma grande e sublime lição, para nos ensinar a amar, a perdoar, e, enfim, a ter brandura de coração.

Cegueira íntima

"Por que vês tu, pois, o argueiro no olho do teu irmão, e
não vês a trave no teu olho?"
– Jesus (Mateus, 7:3)

Perante os nossos erros e nossas falhas morais, geralmente nos fazemos de cegos, e não os percebemos. Fácil é enxergarmos o mal alheio, julgarmos a conduta do próximo, usarmos palavra ferina ou de maledicência para enxovalharmos o nome de irmãos.

Contudo, necessário se faz que rasguemos o véu que temos nos próprios olhos, para que essa cegueira íntima não nos impeça de perceber as nossas imperfeições. Auscultemos a consciência e tenhamos "olhos de ver"; analisemos as nossas atitudes e sentimentos e procuremos corrigir erros e melhorar interiormente.

Desobstruamos a nossa visão interior, recordando e praticando os ensinamentos legados por Jesus, de tal forma que uma mudança de atitudes nos leve a agir com sentimentos mais puros, com a caridade acima de qualquer outro comportamento que, eventualmente, nos leve a uma atitude condenável.

Sejamos indulgentes, tolerantes e compreensivos para com os nossos irmãos, suplantemos essa cegueira íntima

52

que nos leva a sermos condescendentes somente com os nossos atos, nem sempre corretos.

Como esperarmos pela clemência divina, se não soubermos ser clementes para com o próximo? E, como vencermos as nossas imperfeições, se persistirmos nessa cegueira interior?

Busquemos, com perseverança, a aquisição de algumas virtudes que nos permitam agir com mais sensatez, diante das situações da vida que nos induzam a julgamento precipitado e injusto do comportamento alheio.

Tiremos "a trave" dos olhos, para que a cegueira íntima não mais tome conte do nosso ser, e possamos ver, com maior clareza, o que, em nós, precisa ser modificado, para podermos melhorar interiormente e tornar-nos merecedores das bênçãos e do amparo do Mestre Jesus.

E tu, meu irmão, já tiraste a trave dos teus olhos?

Colheita

"Tudo o que o homem semear, isso também ceifará."
— Paulo (Gálatas, 6:7)

Coragem, filho meu, nem tudo é fácil na vida! Se tivesses semeado no passado as boas sementes, em vez da cizânia, hoje poderias saborear frutos dulcificados de amor e de paz.

Contudo, se, para cresceres interiormente, precisas passar por situações difíceis ou mesmo de dor, não te desesperes, nem desanimes. Guarda paciência em todas as situações e em todos os momentos do teu viver, mesmo que te sintas cansado e sem ânimo de prosseguir.

Inspira-te na paciência de Maria, a doce e terna mãe do nosso Salvador, que suportou serenamente a maior dor que um ser humano poderia sentir, diante da indescritível agonia do filho amado.

Inspira-te, também, em Jesus, nosso querido Mestre. Apesar de toda luz que veio trazer para abençoar e esclarecer a humanidade terrestre que se perdia na devassidão moral, ainda hoje continua, pacientemente, a esperar que os homens se tornem melhores e vençam as trevas que constroem para si mesmos.

Se na tua vida de hoje te dedicares a semear tão so-

54

mente o bem, podes ter certeza de que o teu futuro será promissor e abençoado.

Aproveita, assim, filho querido, os mínimos instantes que te sobrarem na luta diária, para algo mais realizares em função do bem do próximo e da própria evolução.

Amando, perdoando, entendendo e amparando as necessidades alheias, mesmo em detrimento das tuas, estarás construindo para ti mesmo uma escada de luz, que te permitirá alcançar, um dia, uma dessas regiões sublimes da Pátria Espiritual, onde a paz, que fizeres por merecer, possas finalmente encontrar.

Vela por teu próximo mais próximo e por todos aqueles que cruzarem os teus caminhos evolutivos, mas vela também por ti mesmo, para não te entregares a momentos de desânimo, de desespero ou de revolta; nem te lastimes jamais, se a tua cruz se fizer muito pesada. Jesus estará ao teu lado, ajudando-te a carregá-la.

Conscientiza-te

"Assim é que, se alguém está em Cristo, nova criatura é..."
– Paulo (II Coríntios, 5:17)

Conscientiza-te, filho meu, de que somos todos herdeiros da Misericórdia de Deus Pai, que dá a cada um de nós, oportunidades de aprimoramento interior.

Aprende assim, a perceber os teus próprios erros, para que os corrijas e possas transformar o teu viver em uma luta constante para a conquista dos dons imperecíveis de amor, os quais te conduzirão aos braços de Jesus.

Conscientiza-te da necessidade de melhorar o teu modo de ser, de agir, de pensar e de sentir, a fim de que os teus passos diários te direcionem à prática constante do bem.

Conscientiza-te, ainda, de que a dor é processo pelo qual o Pai se utiliza para nos ensinar as lições da vida. Facilidades no caminho, vida mansa, sem trabalho, nada constroem de bom para o espírito em evolução.

É através das dificuldades a enfrentar, que os dons adormecidos de perseverança e de esforço haverão de despertar.

É através do sofrimento físico ou moral, que os bons sentimentos poderão surgir dentro de ti, para que despertes ante a necessidade de amparar as dores daqueles que tiveres ao teu lado.

É amando e perdoando sempre, que saberás transformar o teu viver num manancial perene de luz e de paz, para que a tua própria consciência se integre à Consciência Cósmica que rege a vida em toda a sua extensão.

Conscientiza-te, enfim, de que és um ser humano em constante processo de evolução e que, por isso, ainda estarás sujeito a falhas e imperfeições, até que consigas alcançar, finalmente, aquilo que Deus espera de ti.

Portanto, não te condenes pelos erros que vieres a cometer. De cada erro procura tirar algum aprendizado, a fim de que possas crescer e aproximar-te de Deus.

O erro faz parte da natureza humana. Deste modo, embora num esforço constante de melhoria interior, não exijas de ti aquilo que ainda não tens condições de dar. Faze o que possas, sem desânimo ou revolta, porém, confiante em Deus Pai, que não haverá de te desamparar.

Socorre a ti mesmo nas tuas fraquezas e inseguranças, mas permanece firme na tua busca de evolução. Se hoje fracassares, persevera no bem ainda assim, para que, no amanhã, venhas a acertar.

Não desanimes, jamais. A vida se faz de lutas constantes, mas a vitória só se alcança, se a vontade de vencer superar todas as dificuldades que possam surgir. Confia, luta e espera pelo bem que haverá de te alcançar.

Conviver com diferenças

"Enquanto temos tempo, façamos bem a todos..."
– Paulo (Gálatas, 6:10)

Ama, perdoa, esquece as ofensas recebidas, não guardes sequer uma pequena mágoa no coração.

Se te propões a servir, serve sem cobranças ou reclamações.

A caridade se faz também nos pequeninos atos da vida, sem que, para isso, tenhas de mobilizar atitudes heróicas ou despender grandes quantias financeiras. Uma pequena dádiva de amor, uma demonstração de afeto, uma palavra de carinho e compreensão, são maneiras simples, e que nada custam, de se praticar a caridade.

Na convivência diária com aqueles que dizes ou acreditas amar, usa de atitudes de tolerância diante de palavras ou atos nem sempre gentis que recebas e que venham a ferir-te.

Reflete sobre as ações que procuras realizar no campo do bem ou na convivência do lar. Vê se tens sido indulgente, tolerante e compreensivo, apesar de todas as agressões que estejas a sofrer.

Procura reconhecer nos outros as diferenças naturais de cada um. Lembra-te de que, embora nem todos tenham o mesmo grau evolutivo, essas diferenças são necessárias, pois, como seres humanos que somos, jamais poderemos ser cópias uns dos outros.

Se as diferenças físicas são notórias entre as pessoas e se até as impressões digitais testemunham essas diferenças, servindo de identificação, por que, espiritualmente deveríamos ser iguais?

Aceitemos essas diferenças com tolerância e respeito pelo outro, compreendendo que são elas que possibilitam o nosso crescimento interior. Cada ser é uma individualidade, com personalidade própria, com gostos, interesses e ideais diferentes. Não se deve, portanto, esperar que ajam ou pensem como nós. Aceitemos a todos como são, sem a pretensão de modificá-los.

Convivamos harmoniosamente. Oportunidades de fazer o bem surgem a todos, constantemente.

Amemos, perdoemos e abençoemos sempre aqueles que estejam ao nosso lado como familiar, amigo ou companheiro de jornada, para que nos sintamos felizes, pelo bem que a eles consigamos estender.

Coragem de viver

"E o que não toma a sua cruz e me segue, não é digno de mim." – Jesus (Mateus, 10:38)

Quando as tormentas da vida te levam ao desequilíbrio e o desânimo se apodera do teu coração, procura reagir aos sentimentos negativos que te envolvam, para que consigas prosseguir em tuas lutas evolutivas, sem nenhum temor.

Sem coragem de lutar, teus melhores anseios se dissiparão e a desilusão se instala em tua alma.

Sem coragem de vencer a ti mesmo, sentir-te-ás um derrotado.

Sem coragem de viver com todas as provas ou expiações que estejas a atravessar, jamais te libertarás das tuas imperfeições.

Filho querido, ao teu lado sempre haverá alguém, desencarnado ou não, a te amparar ou a te incentivar ao fracasso. Depende de ti, sintonizar-te com as mentes que te conduzem ao bem ou que te arrastem para os caminhos do mal.

Nos momentos em que o desânimo surgir, eleva o teu pensamento a Jesus e ora com fervor. Encontrarás, por certo, a coragem que te falta para nunca desistires de alcançar

60

o que mais desejas para a tua paz interior.

Se as coisas fossem fáceis de ser vencidas, que mérito terias? É justamente por superar as dificuldades e os percalços da vida, sem te deixares contaminar pelo mal, que te enobrecerás diante de Jesus, que muito espera de ti. Não desistas de lutar, não desistas de viver!...

Não temas, confia em ti mesmo, não percas a fé. Prossegue lutando em teu próprio favor para te libertar das tuas fraquezas e inseguranças. Assim, conseguirás acordar os dons imperecíveis que ainda trazes adormecidos dentro de ti e poderás estendê-los a outros irmãos, que te acompanham a caminhada evolutiva. Coragem, portanto, coragem sempre, em todas as situações, por mais dolorosas e angustiantes que te possam parecer! Do Alto, descerão sobre ti, energias vivificantes que te darão a sustentação de que necessitas.

Corpo e alma

"Amai, pois, a vossa alma, mas cuidai também do corpo,
instrumento da alma..."
– E.S.E. (Cap. 17 – item 11)

Não culpes o corpo pelos desatinos a que a tua alma possa se entregar.

Aquele é apenas o instrumento de que esta se serve para poder agir nesse mundo material.

Se o teu corpo comete atos escusos que possam envergonhar até a ti mesmo, é porque está sendo mal dirigido pela própria alma, que ainda não soube se sublimar.

Até o melhor dos veículos, se for mal dirigido por um motorista imprudente, poderá se acidentar. Cuida, assim, filho meu, para a tua alma, que dirige o teu corpo, poder preservá-lo de atitudes inconseqüentes.

Se cometeres abusos, e não olhares por onde transitas na vida, se em busca do bem ou do mal, poderás sofrer o resultado da imprevidência.

Educa a alma, vence as fraquezas e imperfeições, para que as tentações do mundo não mais te levem a tomar certas atitudes que possam denegrir-te, interiormente.

Quando Jesus disse o "Orai e Vigiai", quis a todos alertar contra as fraquezas da alma que ainda não aprendeu a

62

vencer a si mesma, para que pudesse buscar na prece, a força necessária a uma vigilância interior contra o mal.

Cuida do corpo, preserva a saúde, resguarda-te de tudo o que possa prejudicá-lo e enfraquecê-lo, libertando-te dos vícios que o agridem, e buscando uma vivência saudável para que ele se fortaleça.

Contudo, faze o mesmo com a alma, evitando tudo o que também possa prejudicá-la, alimentando-a com bons pensamentos e sentimentos elevados, de amor e de paz. Um não prescinde do outro. Formam uma só unidade, para que consigas desempenhar a contento, a missão a ti designada, aqui na Terra.

Sublima a tua alma com os bons atos que o teu corpo pratica e estarás engrandecendo-te interiormente. Assim, a terás leve, quando dele te libertares e conseguirás alcançar, na Pátria Espiritual, regiões de luz e de paz.

Crê em Deus

*"Mas, ainda que eu vos diga a verdade, vós não me
credes." – Jesus (João, 8:45)*

Crê firmemente em Deus Pai. Não duvides, jamais, de
Sua existência.

Por onde passares, procura enxergá-Lo; por onde vi-
veres, procura senti-Lo; por onde, provisoriamente, esta-
cionares, procura percebê-Lo nas pequeninas ou nas grandes coisas.

Na leveza dos pássaros que se elevam no ar, na força
dos animais que se prendem ao solo, na beleza das flores
ou na exuberância das florestas, que enfeitam a terra, perceberás, por certo, a sabedoria de Deus, que dá a cada ser
da Criação, condições de evoluir.

Assim acontece também com o homem que, ao percorrer diversas etapas evolutivas, vai encontrando sempre
novas oportunidades de adquirir experiências que lhe tragam crescimento interior.

Com os dons da inteligência que já pôde adquirir,
através da vivência em outras situações, o homem inven-
tou meios de voar, suprindo as asas que a Natureza não lhe
proporcionou.

Com a aquisição da sabedoria, pelo muito que buscou
conhecer, ele conseguiu singrar os mares e percorrer lon-
gas distâncias, à procura de outras terras, onde também

64

passou a viver.

Com as conquistas feitas, aprimorou as pesquisas que o levaram a invenções diversas no campo da Ciência, e a descobrir novos meios de alcançar melhores condições de vida e a cura de muitas enfermidades que o faziam sofrer.

E, com a busca constante de novas conquistas, o homem conseguiu ultrapassar muitos dos seus limites, penetrando hoje nos segredos da vida, e isso o tem levado a se considerar um verdadeiro deus.

Contudo, para que o orgulho, a vaidade e a ambição desmedida não o levem a um fracasso moral, e conseqüentemente à dor, necessário se faz que se volte também às conquistas espirituais. Para isso, porém, urge acreditar e confiar em Deus, e não apenas em si próprio.

O amor, a humildade, a fraternidade, a ternura constante e o aprimoramento de todos os sentimentos são essenciais para uma vida feliz e para manter o equilíbrio do mundo onde vive.

A fé em uma força maior, em Deus Pai que a tudo criou, impedirá ao homem exceder-se em conquistas e ambições, levando-o a destruir, com suas máquinas ou com as próprias mãos, tudo de bom e de belo que a Natureza lhe proporcionou.

Dá de ti mesmo

"A seara realmente é grande, mas poucos são os ceifeiros."
– Jesus (Mateus, 9:37)

Na tarefa que te propões realizar dentro daquilo em que crês, não esperes pela colaboração alheia, nem sempre encontrada. Dá te ti mesmo, do que sabes e do que és. Não aguardes recursos materiais que sobejem em tuas mãos, nem conhecimentos superiores que possam te envaidecer ou posições de destaque que te levem a crescer em orgulho.

Jesus não falou da viúva pobre que depositou no gazofilácio do Templo, o de que necessitava para a sua indigência?

O próprio Mestre não viveu aqui na Terra na maior pobreza? Mas, mesmo assim, agindo em função do amor sublime que lhe engrandecia a alma, soube socorrer, amparar, curar e esclarecer as criaturas e conduzi-las ao seu Reino de Amor.

Não te acredites, pois, incapacitado ou sem condições de auxiliar. Teus sonhos de grandes realizações são apenas desejos que não precisas colocar em prática. Basta que dês aquele pouquinho de ti mesmo, uma migalha de amor que seja, para que a dor alheia possa ser minimizada.

O pouco que sabes, divide com aqueles que sabem menos.

A fé que possuis, estende aos irmãos, cuja descrença os leve a cansar de viver.

A esperança que acalentas, espalha às almas desiludidas e tristes que estejam ao teu redor.

Oferece a tua mão em auxílio fraterno, fazendo pelo outro, aquilo que ele não esteja em condições de fazer.

Oferece os teus olhos que podem ver, em favor daqueles que perderam a visão.

Oferece os teus ouvidos para escutar as queixas e lamentações de irmãos que estejam sofrendo muito.

Oferece a tua palavra amiga para orientar, consolar e esclarecer os que estejam sem rumo na vida, diante de dolorosas e aflitivas situações.

Esquece as tuas fraquezas e imperfeições naturais a todos os seres humanos, e não te julgues sem competência ou sem condições de poder realmente auxiliar. Se não podes dar daquilo com que sonhas, dá de ti mesmo, e a própria vida haverá de te recompensar, dando-te, de retorno, o que possa estar faltando para que vivas em paz com a tua consciência.

A Seara do Senhor é imensa; de toda parte surgem apelos daqueles que mendigam por um pouco de alento e de paz. Contudo, os ceifeiros são poucos. Sê tu, meu irmão, um deles, colaborando com Jesus na extensão do Seu Reino de Luz sobre a Terra.

Desajustes no lar

" ... do coração saem os maus pensamentos (...) os falsos
testemunhos, as palavras injuriosas."
– Jesus (Mateus, 15:19)

Amanheceste chorando... Os problemas da véspera ainda te vergastam a alma. Gostarias de que tudo não tivesse passado de um sonho mal, porém, a realidade faz com que sintas teu coração a sangrar.

Filho querido, não te desesperes diante de tanta dor! Harmoniza-te, interiormente, para que consigas aceitar com resignação e coragem a taça de amarguras que a vida esteja a te oferecer. Lembra-te de que tudo tem sua razão de ser. Nada do que hoje passas, é por castigo de Deus ou porque não te preveniste das conseqüências desastrosas de alguns atos recentemente cometidos.

Se tens a consciência em paz, se acreditas teres feito o melhor para harmonizar o lar e, se te esmeraste na educação dos rebentos que te foram concedidos pela Sabedoria Divina, não tens por que te acusar pelos desajustes que hoje presencias entre aqueles que constituem o teu meio familiar.

Lembra-te de que, a cada um, o Pai Maior concedeu o livre-arbítrio e que, portanto, lhes foi dado um acréscimo de responsabilidades pelas atitudes que venham a tomar.

Se até hoje soubeste cumprir com fidelidade o teu papel dentro do lar que construíste com tanto amor, prossegue lutando por restaurar a harmonia entre todos, não permitindo que ressentimentos ou amarguras estendam raízes de ódio, e criem, assim, situações sem retorno a um bom entendimento.

Faze, filho, a tua parte, orientando e abençoando sempre, mas sê fiel aos teus propósitos de harmonizar o lar. Busca fortalecer-te na prece, para que a inspiração não te falte nos momentos em que o diálogo fraterno se faça necessário, para melhor esclarecer as mentes obscurecidas e os corações endurecidos pela falta de fé.

Não percas a esperança, nem desanimes, jamais, na luta em favor do reequilíbrio do teu lar! Deus é Pai Amoroso e por todos está a velar.

Despertamento interior

"Ó tu, que dormes, desperta e levanta-te..."
– Paulo (Efésios, 5:14)

Ao dizer "desperta e levanta-te" referia-se Paulo, não ao sono do corpo e sim, ao adormecimento da alma que ainda não soube buscar a sua renovação interior.

Quantos passam a vida, unicamente, em busca de conquistas materiais ilusórias, de prazeres fictícios e da procura constante de posições de destaque que possam engrandecê-los na sociedade!

Poucos, porém, se dedicam ao aprimoramento interior, à renovação dos sentimentos, à conquista de dons espirituais que os elevem aos olhos sacrossantos de Jesus.

E tu, meu irmão, como caminhas na vida? És prisioneiro das convenções humanas que exigem do homem uma postura que comprove a sua dignidade pela posição social que ocupa na vida, pelo muito que consiga amealhar em bens da matéria? Não estarás entre aqueles que ainda não despertaram os dons do espírito?

Antes dos bens da Terra, procura adquirir os bens do Céu.

Podes até ter uma religião, mas não seria antes, uma "religião de fachada" sem que os ensinamentos divinos te

70

falem, diretamente, ao coração?

Podes até crer professar uma fé, mas será que procuras dentro daquilo em que crês, uma renovação de sentimentos e do teu modo de ser?

Podes ainda contribuir com grandes doações de ordem material à instituição religiosa de que és membro, mas já pensaste em doar de ti mesmo, em favor daqueles que muito sofrem?

Analisa-te interiormente, ausculta o mais profundo da tua alma para verificar se já despertaste, interiormente, a fim de que consigas realizar em ti aquela mudança necessária pela vivência constante dos grandes e nobres ensinamentos legados por Jesus, o Mestre do Amor.

Desperta, filho meu, tu que dormes o sono da invigilância! Levanta-te e caminha para a luz, realizando todo o bem que ainda não conseguiste fazer, pelo tempo que perdeste, enquanto permanecias no adormecimento da tua alma. Faze hoje o que ontem não fizeste, enquanto dormias o sono da indiferença.

Destino e escolhas

"As vicissitudes da vida têm, pois, uma causa, e, uma vez que Deus é justo, essa causa deve ser justa." – E.S.E.
(Cap. 5 - item 3)

Pela maneira com que decidirmos a vida, hoje, preparamos o nosso destino para o futuro, do mesmo modo que as escolhas feitas por nós, no passado, nos traçaram os rumos de hoje.

Todos temos apenas dois caminhos a seguir: o do bem e o do mal. Depende de nós escolher por qual deles desejamos percorrer.

Entre o bem e o mal não existe um meio termo, pois este seria a indiferença, que também não deixa de ser um mal.

Muitas vezes, porém, as ilusões nos levam a fazer escolhas erradas, encaminhando-nos a conseqüências dolorosas.

Pela nossa imperfeição espiritual, é natural que ainda nos confundamos nas decisões. Contudo, o erro cometido haverá de nos trazer ensinamentos preciosos para não mais vacilarmos nas escolhas.

O nosso destino é traçado pelo próprio comportamento. Não queiramos, pois, acusá-lo por aquilo de mal que

72

sofremos, porquanto, quando acusamos o destino, estamos subestimando a Bondade e a Justiça de Deus.

Nada passamos na vida que não tenha sido traçado por nós mesmos, pelo nosso comportamento e pelas nossas decisões. É preciso, portanto, que busquemos nos instruir, para que os conhecimentos adquiridos nos tragam clareza sobre o que seja um bem verdadeiro, ou apenas um mal. Muitas vezes, aquilo que acreditamos ser um mal, na realidade é para o nosso bem e as escolhas que fazemos, pensando ser um bem, podem nos causar prejuízos.

Os ensinamentos do Mestre Jesus nos trazem esclarecimentos para que as nossas escolhas sejam realmente certas, e não mais soframos o resultado de uma decisão errada.

Só assim agindo, filho meu, estarás preparando para ti mesmo um destino feliz, em que serás recompensado, se puderes levar um pouco de felicidade a outros irmãos de caminhada.

Deus contigo

"E Deus pelas mãos de Paulo fazia maravilhas."
(Atos, 19:11)

Na esperança de uma vida futura melhor, busca entregar-te de alma e coração, ao trabalho em favor do bem do próximo.

É através das mãos humanas que Deus age nesse mundo material em que vives. É através do bem que se estenda pela colaboração efetiva do homem, que o mundo se tornará melhor e alcançará um grau superior de evolução.

Faze, irmão, com que a vida se amenize para aqueles que estejam à tua volta, sendo prestativo, dedicado e amoroso. Liberta-te de quaisquer resquícios de egoísmo que ainda possas carregar, para que o desprendimento e a abnegação te levem a muitas realizações em favor daqueles que sofrem de alguma forma.

Não voltes o olhar apenas para ti mesmo, para os próprios problemas, a fim de que possas agir como o Sol que distribui seus raios por toda parte.

Sem perguntares o porquê, como, quando e nem a quem, auxilia sem restrições.

Deus ama a todos os Seus filhos e a todos quer ajudar, mas para isso, necessita também das tuas mãos que,

74

se agirem por amor, muito poderão realizar para diminuir a dor.

Apaziguando os corações aflitos, acalmarás o teu próprio coração.

Renovando as esperanças, terás certeza do bem a aguardar-te no amanhã.

Incentivando a fé, não te sentirás sozinho na luta, porque ao teu lado, estará Deus.

Deus em nós

"Deus é Amor: aquele que permanece no amor permanece em Deus e Deus permanece nele." (João, 4:16)

Geralmente, julgamos que entre nós e Deus há uma incomensurável distância. Contudo, se olharmos para dentro de nós mesmos e lembrarmos que temos uma alma, uma centelha divina emanada do Criador, compreenderemos que todos somos ou temos um pouquinho de Deus em nós. As potencialidades do Criador estão inseridas em nossa alma, mas em estado embrionário, cabendo-nos desenvolvê-las.

Quando nos esforçarmos pela conquista do amor puro que devemos cultivar, essa centelha divina passará a brilhar e a emanar de dentro de nós, como essência sublime, para envolver e perfumar aqueles que, à nossa volta, estejam.

Por isso, disse Jesus aos seus Apóstolos: "Vós sois deuses e não o sabeis." Nem todos se apercebem dessa realidade e, ao transitarem na vida por caminhos tortuosos do desregramento moral, ofuscam o brilho desta centelha luminosa que trazemos nas entranhas do ser.

Cultiva, pois, filho querido, muito amor dentro de ti, para que sintas a presença de Deus na própria vida, nos

76

pensamentos e sentimentos, em tudo o que fizeres ou disseres.

À medida que perceberes Deus em ti, reconhecerás a necessidade de amar a todos sem distinção, com aquele amor que sabe respeitar as diferenças entre as criaturas, sem importar-se como sejam ou como deixem de ser.

Ama, enfim, com aquela pureza de sentimentos que somente o verdadeiro amor pode proporcionar, para que consigas transformar em atos de caridade, todas as ações que praticares.

Na convivência diária com os irmãos de caminhada, seja dentro ou fora do lar, é o momento de pores em prática o verdadeiro amor.

Se souberes sentir que Deus está presente em ti, como está em todos nós, saberás perdoar e entender, amparar e abençoar, transformando o teu viver numa sinfonia de amor, em que as notas sublimes executadas por teus bons atos, revelem toda a beleza que a tua alma possa ter conquistado para a glória do teu ser, numa plena integração com Deus, nosso Criador.

Diante do erro

"Não se turbe o vosso coração..." – Jesus (João, 14:1)

Não te desesperes, filho meu! Erraste sim, não propositadamente. Erraste por ignorância e por falta de atenção.

"É errando que se aprende", diz o dito popular. Aproveita, agora, o erro que cometeste, como aprendizado, para não mais o praticares.

Acalma o coração, serena a mente e prossegue nas lutas e atividades diárias, sem mais te preocupares com as possíveis conseqüências do que fizeste.

Lembra-te, és criatura humana com imperfeições a vencer, com fraquezas a superar. Entretanto, depende de ti, do próprio esforço, a tua melhoria interior em busca de evolução.

Não condenes a ti próprio por teres resvalado no erro. Deus é Pai de todos nós e, certamente, te proporcionará condições de retificares a falta, pois Ele sabe reconhecer as tuas boas intenções. Por que, então, haverá de desamparar-te?

Não vês a Natureza que se renova, a cada dia, apesar das agressões do homem? É o amor de Deus a estender-se por toda a Sua obra.

Repara a beleza da fonte que surge a cantar, após ven-

78

cer a dureza da rocha. É o reconhecimento do amor divino, transformado em esforço de realização.

Vence também tu, filho meu, as dificuldades e as conseqüências das faltas, com aquela alegria de quem consegue superar as próprias fraquezas e imperfeições.

Dá o melhor de ti, redobra o esforço para conseguires transpor os obstáculos que surjam em teu viver. Errando, tropeçando, caindo e tornando a levantar-te, conseguirás vencer as fraquezas para que possas avançar, sempre mais e mais, na conquista dos dons espirituais.

Ama, trabalha, procura melhorar dia a dia. Faze da caridade um dever em tua vida, espalhando bênçãos de alegria e de esperança onde te encontrares.

Os teus atos constantes em favor do bem do próximo, serão a tua defesa e te farão merecedor das benesses celestiais.

Confia e espera, as oportunidades e soluções virão a seu tempo. Entrementes, procura manter o coração em paz, sintonizando-te com a doce paz de Jesus.

Dor... abençoada dor!

"Bem-aventurados os que choram..."
– Jesus (Mateus, 5:5)

Almas aflitas, almas que choram, almas que padecem no desenrolar da vida...

São tantas as dores por que passam as almas, que perguntas muitas vezes: onde a bondade de Deus?

Se, porém, olhares para os erros humanos que se multiplicam a cada dia, perceberás que a dor é o santo remédio oferecido pelo Pai Maior para o reajuste interior das criaturas.

Pela Lei de Ação e Reação, colhemos, sempre, conforme a semeadura realizada. Assim, se num passado longínquo ou recente, o mal foi plantado, como esperar colher o bem como resultado da semeadura feita?

Faze, pois, meu irmão, que, no caminhar de hoje, teus atos te conduzam pelos caminhos retos do bem. Planta as boas sementes por onde percorreres, para que possas colher, no futuro, somente frutos de amor e de paz.

Contudo, se hoje te situas entre aqueles que choram amargurados, por muito teres errado, seca as lágrimas e agradece a Deus Pai por tudo o que passas, pois, certamente, colhes os frutos amargos do mal que semeaste um dia.

Aproveita a dor de hoje, como experiência, para que possas crescer interiormente, evoluindo um pouco mais e para que o teu amanhã seja enriquecido de bênçãos que te permitirão uma vida mais feliz.

Assim, ao invés de chorar, procura espalhar amor e alegria pelos caminhos que percorres e haverás de receber em troca, alegria e amor, balsamizando tua própria alma, mesmo em meio a tanta, porém abençoada, dor!

E a vida continua...

"Renovai-vos pelo espírito..." – Paulo (Efésios, 4:23)

A cada ano que passa, novas oportunidades de renovação surgem em teu viver.

Ao iniciar um novo ano, despoja-te de tudo o que consideras inútil ao aproveitamento interior, e prossegue lutando e esforçando-te para que, a cada dia, possas sentir-te renovado em teus sentimentos.

Luta, trabalha, estuda, esforça-te, em todos os momentos, para construíres em ti mesmo os dons espirituais de que ainda careces.

E a vida continua... Continua, pois, no teu labutar diário, reiniciando hoje as lutas de ontem. Mas, não esperes colher somente as mais belas flores. Espinhos, por certo, surgirão também em teus caminhos.

Porém não te sintas ferido quando uma boca inconseqüente, seja por ignorância ou maldade, dirigir-te palavra irônica ou grosseira. Conserva-te sereno, não guardando nenhum sentimento de mágoa por isso. Lastima, sim, pelo mal que tal criatura esteja a fazer a si mesma.

Jesus, o Mestre Divino, não ensinou e exemplificou o perdão? Faze tu o mesmo e continua a amar, perdoando sempre.

82

E se a vida continua, prossegue hoje na tua luta abençoada de renovação interior, libertando-te do orgulho e do egoísmo que ainda te aprisionem, para que possas servir ao próximo com desinteresse e abnegação.

Continua a vida, não só aqui na Terra, mas na Pátria Espiritual onde, se te esforçares, colherás, um dia, os louros da vitória conquistada sobre as próprias imperfeições.

Deus te abençoe, filho querido. Paz em teu coração.

Em busca de paz

"Busque a paz e siga-a." (I Pedro, 3:11)

Navegas tua alma por paragens luminosas, sempre em busca de paz. Contudo, quando despertas dos teus sonhos, te vês na experiência da vida, nem sempre fácil, nem sempre feliz.

Faze, porém, com que esses sonhos possam se tornar realidade, renovando-te os sentimentos, sempre para o melhor.

Afasta de ti as tristezas e as preocupações que ainda te envolvem. Não te prendas em demasia às aflições do mundo que te rodeia. Busca paz interior, a fim de que consigas vislumbrar os novos rumos que se abrem na tua própria vida.

Desesperas-te, muitas vezes, por não encontrares soluções imediatas para os teus problemas e te angustias por isso. Aprende a confiar. Tudo acontece a seu tempo.

Deus, como Pai de infinita Misericórdia, não abandona a nenhum de Seus filhos.

Esforça-te, luta, busca aprender, porque só através do esforço próprio e da aquisição de conhecimentos é que conseguirás uma renovação de sentimentos, a fim de que possas apaziguar o teu coração aflito.

84

Deixa que as vibrações harmônicas do Cristo te envolvam, aprendendo a perdoar e a esquecer, para que, finalmente, encontres a paz que desejas.

Lembra-te, porém, de que só encontrarás a verdadeira paz, na consciência tranqüila, pelo dever bem cumprido, perante Deus e o próximo.

Emoções inatas

"Todos tendes más tendências a vencer, defeitos a corrigir, hábitos a modificar; todos têm um fardo mais ou menos pesado a depor para escalar o cume da montanha do progresso." – E. S. E. (Cap. X - item 18)

Há certas emoções que são inatas na alma humana, pois fazem parte do nosso ser. Contudo, é preciso selecionar aquelas que prejudicam o crescimento interior, daquelas que nos incentivam ao bem e à conquista da luz.

Bondade, ternura, amor, alegria, trazem a todos bem-estar e felicidade.

Ódio, orgulho, egoísmo, sentimentos de culpa ou desejos de vingança, embrutecem a nossa alma, tornando-nos revoltados e infelizes.

Todas essas emoções, boas ou más, em diversas circunstâncias da vida vêm à tona, revelando a qualidade dos nossos sentimentos.

Esforça-te, filho meu, por cultivares dentro de ti os bons sentimentos para que somente as emoções puras, sem mesclas de imperfeições possam aflorar. E, das emoções afloradas, usa o teu livre-arbítrio para reprimi-las ou incentivá-las.

Vive o hoje planejando o teu futuro, direcionando o

teu pensamento para o lado bom da vida, para que as emoções inatas voltadas para o bem, se desenvolvam dentro de ti.

Se desejas ser feliz, afasta aquelas emoções negativas, que só te fazem sofrer, podendo até mesmo levar-te a situações depressivas ou de agressividade.

Levanta a tua cabeça e olha para o Alto, lembra-te de Deus Pai que a tudo vê e a tudo abrange com o Seu amor infinito e procura encarar com otimismo até mesmo as situações mais desagradáveis da vida. Se assim agires, saberás transformar:

. o ódio em amor;
. a mágoa em perdão;
. a tristeza em alegria;
. o egoísmo em atos de caridade;
. o orgulho em humildade;
. o medo em coragem;
. a desilusão em esperança;
. o desespero em paz interior.

Educa as tuas emoções, para que a tua própria vida sorria para ti.

Entre dificuldades e incertezas

"As vicissitudes da vida são de duas espécies (...) umas têm sua causa na vida presente; outras, fora desta vida."
– E.S.E. (Cap. V - item 4)

Todos nós na vida, temos momentos de incerteza, como temos também os de dor.

As aflições, muitas vezes, batem à nossa porta, as dificuldades se somam, os conflitos se acumulam e as dúvidas aparecem. Aí surge a pergunta: E agora, o que fazer?

Nesses momentos em que não sabemos como agir, lembremo-nos de orar com fervor. Não que as dificuldades desapareçam como por encanto, nem que as dores se extingam; mas, certamente, não nos faltará a coragem de a tudo suportarmos com resignação cristã.

Inspiremo-nos no próprio Mestre, que, nada tendo a resgatar, sofreu uma das maiores ignomínias que se podem suportar.

Lembremo-nos, assim, de que ainda carregamos em nós muitas imperfeições e que, de um passado recente ou remoto, acumulamos dívidas enormes perante a Justiça

88

Divina. E, se colhemos o que plantamos, também tu, filho meu, diante de tudo por que passes, talvez estejas colhendo hoje, os frutos amargos do mal que, certamente, semeaste um dia.

Renova-te interiormente, faze o bem que puderes, fortalece-te na fé para cresceres em discernimento e para poderes construir para ti mesmo, um futuro melhor. Só assim, ressurgirás das tuas dores e dificuldades, mais confiante nas próprias decisões.

Esperança

"E assim, esperando com paciência, alcançou a promessa."
– Paulo (Hebreus, 6:15)

Esperança...doce palavra que nos fala direto ao coração e que nos leva a aguardar com paciência que surjam dias melhores, de bênçãos e de paz.

Esperança...sentimento nobre que, aliado à fé, nos traz alegria de viver, apesar dos percalços da vida.

Esperança...luz interior que acalenta a alma, que alimenta a fé e renova os bons propósitos de melhoria, para que não nos percamos em queixas ou lamentações.

Esperança...sempre a esperança é que nos permite suportar, com serenidade e ânimo crescente, as dificuldades e as dores que encontramos em nossos caminhos, como resgates das dívidas acumuladas de outras encarnações.

Sem esperança, a coragem se afasta de nós e nada vislumbramos à frente, além dos próprios problemas, sem encontrar soluções.

Mas, se nos imbuirmos de esperança, tudo se fará mais fácil, as dores serão amenizadas, as nuvens negras se dissiparão do céu de nossas vidas e a alegria retornar-nos-á aos corações.

Cultivemos a esperança, com aquela alegria que a fé

90

nos proporciona, para que o nosso amanhã se faça mais risonho, apesar das pedras em que, constantemente, tropeçamos e dos espinhos que nos ferem e que nos levam a chorar.

É esperando com confiança, como a noite espera o dia, que haveremos de alcançar a felicidade que nos aguarda, quando pudermos nos aproximar de Jesus para usufruir da sua doce paz. Mas, só atingiremos tal estado de felicidade plena, se soubermos fazer da esperança, não uma espera inútil, mas sim, de trabalho efetivo e constante em prol da felicidade alheia.

Espalhemos o bem, onde estivermos e o quanto pudermos, para que a esperança possa renascer nos corações desiludidos e torturados pela dor, amparando, socorrendo, soerguendo aqueles que, porventura, tombem diante das difíceis lutas que encontrem em seus caminhos, em busca da própria evolução.

Experiências necessárias

"Medita essas coisas; ocupa-te nelas para que o teu aproveitamento seja manifesto a todos."
— Paulo (Timóteo, 4:15)

Na vida, todos nós necessitamos passar por experiências diversas, seja no campo da razão ou do sentimento.

À medida que atingimos um grau suficiente de entendimento, surgem as experiências, como aprendizado pelo qual todos nós podemos crescer.

Se, um dia, viemos a esse mundo em condições de um pequeno e imaturo ser, destituído das lembranças de vidas anteriores, foi para que, libertos dos maus hábitos adquiridos, e ignorantes dos conhecimentos anteriormente armazenados na memória, tivéssemos condições de renovar o nosso modo de ser e de agir.

E, à medida que fomos desenvolvendo as capacidades intelectuais, conquistamos também o livre-arbítrio para tomarmos as decisões para o bem ou para o mal.

Assim, no decorrer de uma nova encarnação, o nosso livre-arbítrio nos impulsiona por caminhos diferentes ou repetitivos daqueles que, anteriormente, havíamos trilhado. E, é pela repetição de algumas experiências, que, realmente, vamos aprendendo as lições que a vida nos ofereça.

92

Se seguirmos as trilhas do mal, se agirmos de modo contrário à própria consciência, movidos, muitas vezes, por ambições desmedidas ou por desejos mal contidos, acabaremos por sofrer as conseqüências dos atos menos dignos.

Mas, se buscarmos os caminhos da luz, do amor, da prática do bem, o nosso aprendizado se fará sem tanta dor.

De uma forma ou de outra, toda experiência vivida e adquirida, reverterá em evolução para o espírito.

Aceita, pois, filho meu, todas as dificuldades que possam surgir em teu viver, como lições importantes, como experiências necessárias ao teu aprimoramento interior. E, o erro de hoje será a experiência de que necessitas para teres um amanhã radioso, em que as bênçãos de Jesus te alcançarão.

Exterior e interior

"Ai de vós (...), que sois semelhantes a sepulcros caiados
por fora, mas por dentro, cheios de podridão."
— Jesus (Mateus, 23:27)

O homem se revela ao mundo, não pelo que faz, nem pelo que diz, e sim, pelo que é.

Muitas vezes, ele faz coisas por obrigação e não, pelo que sente, ou pelo desejo de fazê-las.

De outras, também fala aquilo que lhe mandam dizer, mas que não se coaduna com o seu modo de pensar ou de ser.

É preciso, porém, que sejamos autênticos em nossas atitudes, revelando assim, o que realmente somos.

A sabedoria consiste em nos mostrar com reais sentimentos, para que não nos tornemos marionetes da sociedade ou joguetes da vontade alheia.

Lutemos, pois, contra essa tendência negativa de agir, segundo o fluxo de modismos, aparentando ser aquilo que não somos. Sejamos por fora exatamente o que somos por dentro, mas busquemos, primeiramente, limpar o nosso interior, para podermos nos revelar ao mundo através de atos autênticos, porém que mostrem tão somente pureza de sentimentos e não, podridão.

94

Se, por fora de nós, o mundo exige algum comportamento com que não concordamos, por ir de encontro às nossas convicções, resistamos a essa tendência de querer adaptar-nos àquilo que consideramos errado, tão somente para não nos sentirmos diferentes dos outros.

É comum, na sociedade de hoje, as pessoas se sujeitarem a essa atitude errada, a fim de poderem se mostrar como pessoas modernas e não, "caretas", ao persistirem em agir de modo contrário ao que muitos consideram superado.

Moral é, e será sempre moral; respeito é, e será sempre respeito, independentemente do que os outros possam achar. Pensa nisto, meu irmão!

Mesmo sendo tolerante e respeitando o modo de pensar dos outros, sê tu mesmo, sem te deixares influenciar por ninguém, buscando agir de acordo com a tua consciência, mas sempre trilhando o caminho do bem.

Falando de tempo

"Eia agora, vós que dizeis... amanhã..." (Tiago, 4:13)

Jamais te descuides do tempo, bem precioso que Deus concede a todos nós, Seus filhos, para que o aproveitemos em favor do nosso crescimento interior.

Não te deixes vencer pelo comodismo, pela indolência, pela preguiça ou má vontade, descuidando-te dos deveres e da obrigação de buscar sempre a melhoria dos teus atos presentes.

Não te deixes dominar pelo mal que ainda carregas nas profundezas da alma, como reminiscência do que fizeste em existências passadas, para que o tempo atual, em que vives, traga proveitos reais para a tua evolução.

O tempo transcorre e, aquele que passa, sem que o percebas, é perdido e não mais haverá de retornar.

Aproveita, pois, o tempo que te foi concedido na presente encarnação, usando-o em atos de amor e de caridade, que possam engrandecer-te interiormente.

Faze hoje o que ontem não pudeste ou não quiseste fazer, para que o teu amanhã possa trazer-te o bem que almejas, numa vida de paz e de superlativas alegrias.

No caminhar pela vida, entre as inúmeras atividades que realizes, muitas oportunidades surgem para que isso

96

aconteça. Não as percas por negligência ou pela falta de atenção em percebê-las, para que delas possas retirar algum aprendizado. Até mesmo dos tempos difíceis, das dores e das dificuldades que possam surgir, alguma lição, provavelmente, a vida quer te ensinar para a tua melhoria interior.

Abençoa, pois, tudo de bem ou âparentemente de mal que a vida te oferece, e usa o tempo que Deus te concedeu para permaneceres nesse mundo de provas e de expiações, em construções que edifiquem a tua alma, pelo bem que conseguires realizar por ti mesmo ou pelos outros.

Cada renascer do Sol, é nova ocasião que surge de algo fazeres de bom.

Cada ano transcorrido e cada década que já viveste, foram etapas que se encerraram em tua vida. Procura meditar em tudo o que passaste ou que conseguiste realizar durante esse tempo que te foi concedido pela Misericórdia Divina, a fim de que possas buscar uma nova forma de viver.

E, se olhares para trás, perceberás que os acontecimentos que se destacaram nesses anos passados, de alguma forma, marcaram a tua vida. Foram tempos de luta, tempos de dor, tempos de paz e de alegrias infindas... Porém, foram bênçãos com que Deus te envolveu para o teu aproveitamento interior. Agradece, assim, por tudo!

Falsos profetas

"E levantar-se-ão muitos falsos profetas e enganarão a muitos." – Jesus (Mateus, 24:11)

Acautela-te dos falsos profetas, daqueles que dizem fazer prodígios, mas que, na realidade, sempre enganam.

Certamente sabes que não é só entre os encarnados que existem aqueles que procuram ludibriar; também os há entre os desencarnados que se fazem passar por personagens dignos de respeito e reconhecimento, quando, na realidade, não passam de reles impostores. Usurpando nomes respeitáveis, acabam por demonstrar, pelos conselhos que dão, que de fato, não são quem aparentam ser.

Outros conseguem até mesmo se passar pelo Cristo, iludindo criaturas invigilantes; chegam falando de amor, mas, na verdade, são a personificação do mal.

É através dos exemplos que dão e de uma análise criteriosa das mensagens transmitidas, que se pode verificar a autenticidade da comunicação e a veracidade do nome respeitável com o qual se apresentam.

"Pela árvore se conhece os frutos" – ensinou Jesus. Se uma árvore boa não pode dar frutos ruins, uma árvore má jamais daria frutos doces e saborosos. Alerta-te, pois, filho meu, contra tais Espíritos, do mesmo modo com que costumas te alertar dos enganadores que cruzam os teus passos pelos caminhos terrenos.

O mesmo cuidado deves ter com aqueles, ao teu lado, que, embora aparentem ser grandes médiuns e apregoem reter extraordinários poderes, nada mais são que charlatães ou impostores. Essas criaturas estão por toda parte, para vergonha daqueles que se deixam enganar, chegando mesmo a pagar pelas previsões que lhes fazem.

Acima de tudo, porém, resguarda-te de ti mesmo, para não te deixares envolver pela vaidade, pelo orgulho ou pela ilusão, acreditando ser, também, um enviado do Cristo, e para que aquilo que, porventura, escreveres ou falares ao teu próximo, não venha imantado de personalismo ou de outras graves imperfeições, transformando-te, igualmente, em mais um falso profeta.

Fé, esperança e caridade

"A esperança e a caridade são uma conseqüência da fé."
– E.S.E. (Cap. 19 - item 11)

Uma trilogia inseparável resume todos os deveres do homem para consigo mesmo, para com o próximo e para com Deus: fé, esperança e caridade.

Sem fé, que esperarmos da vida? É a fé que nos sustenta as forças que nos levam a prosseguir em nossas lutas evolutivas, ao renovar-nos as esperanças.

Sem esperança, a desilusão se apodera de nós, nada vislumbramos à frente, nenhuma réstia de luz a nos clarear os dias de amanhã, para o bem podermos usufruir ou realizar.

E, sem caridade, não cumpriremos nossa meta maior, cumprindo o ensinamento de Jesus: "Faze ao teu próximo o que desejas para ti mesmo."

Filho, medita nestas palavras e procura direcionar tua vida num rumo que te conduza ao alcance das alegrias celestiais, fazendo-te melhor a cada dia, sem jamais perderes a fé, nem a esperança e para que o sentimento de caridade não esmoreça em teu coração.

Se tiveres fé, não te desesperarás quando a vida cobrar de ti, pois saberás que o amparo Divino nunca haverá de te faltar.

Se tiveres esperança, saberás aguardar, com paciência ilimitada, que a própria vida te traga dias melhores, de paz e de luz.

Se tiveres caridade, transformarás em doações de amor, todos os teus atos em relação ao próximo: saberás perdoar, socorrer, amparar, compreender, tolerar e desculpar quando as necessidades ou as imperfeições alheias exigirem de ti algo mais, além daquilo que possas dar.

Felicidade

"A felicidade não é deste mundo" – (Eclesiastes)

Quantas pessoas vivem a sonhar com a felicidade, esquecidas de que, para ser feliz, é preciso construir dentro de si aquela fé inquebrantável, que as leva a aceitar as maiores dores e dificuldades com que a vida se lhe apresente, sem entregarem-se ao desespero ou à revolta, pela não aceitação.

Se tu vives num mundo de provas e de expiações, é natural que atravesses momentos em que a dor te atinja, pois, tudo por que passas nesta vida, são colheitas da semeadura que fizeste num passado do qual não mais te recordas.

Nem mesmo a fortuna e todos os prazeres que ela te permita usufruir, te farão realmente felizes.

A verdadeira felicidade encontrarás na paz de consciência, por reconheceres que nada fizeste de errado e não prejudicaste a ninguém. E, mais ainda, no bem que puderes plantar pelos caminhos que percorreres em tua jornada terrena.

Constrói dentro de ti a felicidade que desejas alcançar, realizando hoje, com alegria, todos os teus deveres de amor e de caridade e aceitando, com serenidade, todas as

102

adversidades que surjam em teu viver. Se reconheceres que a felicidade não é deste mundo, haverás de preparar o teu coração e a tua alma para a verdadeira felicidade que te aguarda num amanhã de luz, ao usufruir das benesses celestiais que fizeres por merecer.

Filhos da luz

"... andai como Filhos da Luz." – Paulo (Efésios, 5:8)

Filhos da Luz são todos aqueles que, buscando seguir os ensinamentos do Mestre Jesus, os colocam em prática nas diversas circunstâncias da vida.

São aqueles que, renunciando aos próprios interesses, se dedicam de corpo e alma ao amparo de irmãos que estejam a passar por aflitivas e dolorosas provações.

São igualmente os que, abdicando dos prazeres do mundo, esforçam-se por transformar a própria vida em labor contínuo, em favor daqueles que nada possuem, além da miséria que os degrada moralmente.

Que sejas tu, filho meu, agora, também um Filho da Luz, por te dedicares com fervor, a agir de acordo com os exemplos que o Mestre legou a todos nós, pois, houve tempo em que te afastaste dos ensinamentos divinos.

Assim, quando a dor bater à tua porta, seca as lágrimas para poderes estender sorrisos de paz nas faces daqueles, cujo desespero os leva a, apenas, chorar. Sentirás assim, que as tuas próprias dores serão amenizadas.

Esquece um pouco o comodismo e aproveita os momentos de folga, para dedicar-te ao trabalho de soerguer os caídos da vida, que, ao teu lado, mendigam atenção.

104

Afasta do coração quaisquer sentimentos egoístas que te façam pensar apenas em ti, a fim de fazeres aos irmãos de caminhada, o que desejarias deles receber.

Liberta-te, sem demora, do orgulho que ainda possa te aprisionar, humilhando-te, se preciso for, e iguala-te aos pequeninos da vida para incentivá-los a crescer.

Se assim agires, no teu caminhar terreno, certamente a Luz do Divino Mestre haverá de envolver-te, trazendo-te a paz interior a que tanto aspiras, e integrando-te ao rol dos verdadeiros Filhos da Luz.

Filhos da paz

"E, se ali houver algum filho da paz, repousará sobre ele
a vossa paz..."
– Jesus (Lucas, 10:6)

Filhos da Paz são todos aqueles que, mesmo diante das conturbações do mundo, sabem manter a serenidade interior, sem se deixar envolver pelo desespero ou pela revolta. Conservam o bom-humor, apesar da agressividade daqueles com quem convivem.

Filhos da Paz são os que, inspirando-se nos exemplos deixados por Jesus, sabem viver em harmonia fraterna com todos os que os rodeiam na faina diária. Procuram, onde estiverem, proferir boas palavras e emitir pensamentos de paz, reequilibrando situações de desajuste que levem os corações envolvidos a cometer atos insanos, em detrimento do bem geral.

Sê tu, meu irmão, também um Filho da Paz: constrói a tua vida, em bases sólidas de amor e de fraternidade. Não permitas que a mágoa se instale no teu coração, quando fores agredido por palavras ferinas. Perdoa, sem restrições, para que possas esquecer.

Asserena o teu coração, quando os momentos de testemunho surgirem. É hora de, munido de fé e de coragem,

106

buscar, nos ensinamentos do Mestre, as diretrizes a seguir, para que consigas viver num clima de serenidade e de paz.

Não te atormentes se nem tudo se realize, conforme os teus desejos. Aceita a vida como ela é; porém, esforça-te por prosseguir em tua luta redentora, melhorando a cada dia, um pouquinho mais.

Observa a Natureza à tua volta, e perceberás que Deus, que a tudo rege, reajusta os desequilíbrios que as convulsões do Planeta ou as agressões do próprio homem provocam. Assim, confiando n'Ele, apazigua o coração, e parte sem demora, para a prática da caridade, que devolverá ao teu coração a paz que tenhas perdido.

Demonstra sempre, através dos atos de amor que praticares, que podes ser também, mais um dos verdadeiros FILHOS DA PAZ.

Fim de ano

"Olhai para as aves do céu que não semeiam nem segam,
nem fazem provimentos nos celeiros; e, contudo, vosso Pai
celestial as sustenta." – Jesus (Mateus, 6:26)

Filho meu, após um ano de lutas constantes, aparentemente inglórias, olha como cresceram os lírios nos campos, observa como as avezinhas do céu foram alimentadas, vê como as árvores floresceram após a poda que lhes crestou os ramos.

Não te detenhas assim, a te lamentar por não teres conseguido realizar os sonhos no transcorrer de mais uma etapa do teu viver.

Deus, o Criador da Vida, permanece atento às necessidades da Criação, em todos os Reinos da Natureza. O que, às vezes, pode parecer injustiça ou falta de amor divino, é, na realidade, Sua mão a agir para o bem de todos, embora ainda não tenhamos capacidade de entender. Ele age por meios que nos podem parecer estranhos, mas são manifestações da Sua mais pura Sabedoria e Justiça.

As tempestades que destroem, permitem o renascimento da vida com mais esplendor.

Os desastres individuais ou coletivos, que causam tanta indignação e dor, são necessidades para o espírito

108

crescer no rumo da Perfeição.

Tudo assim, filho querido, que possa te parecer um mal, é verdadeiramente o bem, a se manifestar por caminhos que desconheces.

A sabedoria do Pai está muito acima de qualquer entendimento dos homens. A Sua Justiça é ilimitada e o Seu Amor, infinito.

Não condenes, nem critiques aquilo que ainda não consegues entender. Faze apenas o que te compete dentro dos teus deveres materiais e espirituais, cumprindo a tua parte em relação a Deus e ao próximo.

Esforça-te, porém, por te libertares das tuas imperfeições para que, avançando um pouco mais na escala evolutiva, possas, finalmente, compreender os sábios desígnios do Pai.

Agradece, pois, tudo o que hoje te faça sofrer, a fim de que colhas, no futuro, muitas alegrias e bênçãos de paz.

Fortalece-te!

"Sede fortalecidos no Senhor." – Paulo (Efésios, 6:10)

Não nos iludamos na vida. Fortalecer-se no Senhor não significa buscar, através da prece, autoridade para dominar multidões, fortuna para usufruir de prazeres, nem mesmo energia física para poder encetar todas as lutas com mais poder.

São muitos os que oram para buscar apenas a satisfação de desejos inferiores, quando antes, deveriam orar para terem forças de vencer as tentações.

Fortalecer-se no Senhor é conseguir, através da vivência do Evangelho do Cristo, uma renovação íntima sempre direcionada para o bem, com libertação das próprias imperfeições, para que as boas obras nos enriqueçam interiormente, com a aquisição de algumas virtudes.

Fortalecer-se no Senhor é fortalecer a própria alma em coragem, paciência e humildade, para que se possa amar com desinteresse e abnegação, tudo fazendo em benefício do próximo e da nossa própria evolução.

Medita nisto, filho querido, para que prossigas na luta redentora, renovado na esperança de atingir, um dia, um grau superior de evolução espiritual.

Liberta-te, sem demora, das tenazes garras do egoís-

110

mo e do orgulho; das amarras do desânimo, que te farão prisioneiro da ilusão, que te conduzirá ao fracasso.

Vence a ti mesmo, busca nos ensinamentos do Senhor o fortalecimento que te falta, e, com firmeza, atingirás o alvo que desejas.

Sem esforço, sem boa vontade e sem o amparo divino a fortalecer-te, interiormente, nada de útil conquistarás, viverás com a tua própria derrota que, certamente, te fará sofrer muito.

Fortalece-te no Senhor e o Senhor não te faltará.

Fraternidade em ação

"Tudo o que quereis que os homens vos façam, fazei-o também vós a eles." – Jesus (Mateus, 7:12)

Perante aqueles que te cruzam os passos, na caminhada terrena, lembra-te, filho meu, da necessidade de se colocar em prática um dos mais belos ensinamentos de Jesus: "Faze ao teu próximo, o que desejas para ti mesmo." É a fraternidade em ação.

Se observares à tua volta, perceberás que a dor está em toda parte: na miséria material, na degradação moral, nas enfermidades do corpo ou da alma, nos problemas alheios, aparentemente, sem solução.

Deixa, porém, que o amor aflore em teu coração e, como um perfume suave, balsamize as almas em grandes aflições.

Colocando-te no lugar daquele que sofre, não terás dúvidas se deves ou não ajudar. Sentindo em ti mesmo a dor do próximo, o coração, sensibilizado, far-te-á agir, a fim de minimizares o sofrimento alheio que observas:

Com tuas mãos, procura soerguer os que tombam sob o peso de tanta dor!

Com teus olhos, procura enxergar onde a tua ajuda se faça necessária para poderes agir com presteza.

112

Com tua boca, procura desculpar as grosserias que recebas, tendo sempre uma palavra de compreensão e de tolerância, no momento certo, para estender amor e paz.

Tens em ti mesmo, através do próprio corpo, todas as condições necessárias para colocar a fraternidade em ação, sempre que surjam situações em que a indulgência e outras formas de caridade, exigirem de ti demonstrações de afeto e do mais puro amor ao próximo.

Faze o bem pelo bem, sem nada esperares em troca. A verdadeira fraternidade se despoja de quaisquer interesses imediatos ou porvindouros.

Saberás exercitá-la sempre que as circunstâncias da vida te apresentem ocasiões, se armazenares no próprio coração, muito amor para doar, e se registrares na mente, as lições que já recebeste dos ensinamentos do Mestre Maior, Jesus.

Indulgência

"Não julgueis, pois, para não serdes julgados."
– Jesus (Mateus, 7:11)

Diante de irmãos menos felizes que tenham resvalado no erro, não julgues nem condenes.

Diante daqueles que, por uma desilusão qualquer, tenham se afastado de uma postura digna, entregando-se a estados físicos ou emocionais deploráveis, não te entregues às críticas destrutivas. Procura, sim, com amor e caridade, ajudá-los a se reerguerem.

Na vida, diante das lutas, surgem momentos em que as criaturas se entregam ao desespero e toda noção de equilíbrio, acaba por se esvair.

E tu, filho meu, pelos conhecimentos que já pudeste adquirir, sabes que os deveres de caridade não podem faltar em teus atos, nem em tuas palavras.

Usa, pois, de brandura, quando tiveres de alertar alguém.

Reveste-te de compreensão e de amor para que a tua palavra não fira. E, na medida das tuas possibilidades, procura reerguer os que tombaram nas lutas, falando de amor, incentivando a coragem e renovando as esperanças dos desiludidos e aflitos.

114

Não te esqueças, porém, de que os teus exemplos falarão mais que qualquer palavra que vieres a proferir. E, antes de tomares qualquer atitude, recorre à prece para que não te falte o amparo de Jesus. Assim, jamais errarás.

Muitas bênçãos, filho do meu coração!

Jesus disse

"Eu sou o bom pastor e conheço as minhas ovelhas..."
– Jesus (João, 10:14)

Inúmeros ensinamentos, Jesus, o Bom Pastor, veio trazer a todos nós, suas ovelhas, para nos conduzir por um caminho que nos levasse à salvação da alma. Assim...

Jesus disse: *"Não é o que entra pela boca que macula o homem e sim, o que dela sai, vindo do coração."*

Vigiemos, pois, as nossas palavras. Aquilo que emitimos pela boca, pode ser um retrato fiel de nossa alma.

Jesus disse: *"Não só de pão vive o homem".*

Necessário se faz que busquemos também o alimento espiritual, através da Prece e do conhecimento dos ensinamentos que Jesus nos legou, para que nos façamos melhores a cada dia.

Jesus disse: *"Orai e vigiai para não cairdes em tentação."*

Sem oração que nos ligue ao Céu e sem a vigilância constante em nossas atitudes, pensamentos e sentimentos, poderemos nos deixar envolver pelas forças do mal, levando-nos a praticar atos insanos e que só nos farão sofrer.

Jesus disse: *"Dai de graça o que de graça recebestes".*

Muitos dons que possuímos, inclusive o da mediunidade, nós os recebemos gratuitamente e como empréstimo

116

da Misericórdia Divina; assim sendo, como cobrarmos por algo que, na realidade, a Deus pertence?

Jesus disse: *"Quem se exalta será humilhado, e todo aquele que se humilha, será exaltado."*

Incentivou-nos o Mestre a buscarmos posições de humildade, igualando-nos aos pequeninos da vida, para que não nos percamos pelos perigosos caminhos do orgulho ou da vaidade.

Jesus disse: *"Ama o teu próximo como a ti mesmo."*

O que gostaríamos de receber, façamos o mesmo aos nossos irmãos, porém, desprovidos de quaisquer interesses imediatos ou porvindouros; simplesmente, façamos o bem, por muito amar a eles.

Jesus disse: *"Não é boa a árvore que dá maus frutos, nem má a árvore que dá bons frutos."*

Sejamos nós, encarnados e desencarnados, aqueles bons servidores do Cristo. Quais a boa árvore, cujos frutos saborosos saciam a fome de muitos, estendamos frutos de amor e de paz para balsamizar os corações sofridos, soerguer os caídos da vida, socorrer e amparar aqueles que permanecem desorientados por grandes dores ou aflições.

Jesus disse: *"Vinde a mim todos os que andais em sofrimentos e vos achais carregados e eu vos aliviarei."*

Não temamos. Seja nos momentos de dor ou nos instantes em que reconhecemos a necessidade de buscarmos o nosso crescimento interior, caminhemos ao encontro de Jesus e aprendamos com ele a ser mais puros e mansos de coração. Atendamos ao chamamento do Mestre, melhorando a nós mesmos, e com ele estaremos colaborando para um mundo melhor para todos nós.

Luz e trevas

"Vê, pois, que a luz que há em ti não sejam trevas."
— *Jesus (Lucas, 11:35)*

Caminhantes da vida todos somos, quer estejamos encarnados ou desencarnados. E, nesse caminhar contínuo, temos como meta a evolução espiritual.

Assim, de encarnação em encarnação, vamos passando por experiências diversas, para que o aprendizado nos alcance e evoluamos um pouco mais.

Contudo, diante das adversidades que nos surgem nos caminhos, sentimos as forças interiores diminuírem. Quando acreditamos ter superado algumas imperfeições, basta um pequeno contratempo para que elas assomem de dentro de nós.

Eis, então, o momento preciso de olharmos para o nosso interior e verificarmos se a luz que pensávamos haver conseguido, não seriam, na realidade, apenas trevas.

Assim deves agir, filho meu, quando te acreditares isento de errar, por muito já teres aprendido dos ensinamentos do Cristo. Não te julgues melhor que os teus irmãos, só porque adquiriste alguns conhecimentos a mais.

Por muito que saibamos e já nos julguemos melhores,

ainda muito nos falta para atingirmos um grau superior de evolução.

A caminhada de evolução espiritual é longa e não será apenas nesta ou em mais algumas encarnações, e com um mínimo de esforço, que irás alcançá-la.

Compara a tua existência terrena a um rio de águas límpidas, que corre em direção ao mar. À medida que atravessa planícies e vales, contornando montanhas e aclives, enfrentando os obstáculos das pedras que encontra em seu curso ou despencando de cachoeiras, recebendo em seu leito águas poluídas de outros rios menores ou sofrendo as agressões do próprio homem, acaba por vencer todas as dificuldades até verter suas doces águas nas águas salgadas do mar.

Assim deve ser o teu caminhar pela vida, filho meu; embora encontres dificuldades e tropeços a todo instante, momentos felizes ou de dor intensa, trabalho, luta, agressões que te ferem... E, apesar de todo o mal que venhas a encontrar, não te deixes contaminar e prossegue sempre em busca da meta a atingir.

Em tudo procura ver oportunidades de aprendizado para que chegues, um dia, ao Pai da Vida, pleno de luz e não mais de trevas.

Mágoa

*"Meus irmãos, não é conveniente que estas cousas sejam
assim." (Tiago, 3:10)*

Alguém te disse algo que te feriu profundamente.
Não compreendeu o teu modo de ser, nem as atitudes que
tomaste e, assim, proferiu palavras ásperas que deixaram
uma ferida em teu coração.

Aquele outro te abandonou, quando mais contavas
com o seu apoio, deixando-te interiormente fragilizado. É
a mágoa a despontar dentro de tua alma.

Contudo, filho querido, embora não seja fácil superá-
la e esquecê-la, procura não revidar a agressão ou o desprezo que recebeste e busca compreender.

Analisa-te interiormente e verifica se, realmente, não
há motivo justo para que alguém tenha te magoado com
palavras tão irônicas e agressivas, ou te desprezado.

É entendendo e procurando considerar aquela criatura que te magoou, como um infeliz, digno da tua com-
paixão, que conseguirás reverter tal sentimento negativo,
embora natural a todas as criaturas humanas, em um outro
e bem mais sublime sentimento: o perdão sincero, oriundo
da pureza de coração.

Não se sentirem magoadas, como Jesus jamais se sen-

120

tiria, é uma atitude das almas que já atingiram um grau superior de evolução. E, embora ainda te encontres muito distante dessa perfeição, esforça-te para isso. Jesus te abençoará e haverá de te auxiliar para que o consigas um dia.

Mansidão

"Bem-aventurados os mansos, porque eles possuirão a Terra." – Jesus (Mateus, 5:4)

Ser manso e humilde de coração, como Jesus o foi, é uma qualidade que todos nós, encarnados e desencarnados devemos cultivar, para podermos atingir um grau superior de evolução.

Diante da agressividade alheia, aquele que é manso e humilde de coração, tudo sabe suportar com entendimento e paciência, sem revidar as agressões recebidas.

Contudo, mansuetude não significa subserviência, rebaixar-se numa demonstração clara de falta de caráter.

Ser manso não é, absolutamente, sinal de fraqueza e sim, de sabedoria, o que o impedirá de igualar-se ao agressor, colocando-se numa posição de superioridade moral, perante o ofensor ou o caluniador.

O manso de coração é aquela criatura serena que sabe pacificar as situações mais violentas e conturbadas, porque traz os ensinamentos de Jesus gravados no próprio coração e, assim, por não guardar mágoas e ressentimentos, demonstra pelos atos praticados, que aprendeu a perdoar.

A mansidão é uma conquista da alma que conseguiu superar várias etapas evolutivas, que já sabe vencer o or-

122

gulho para não mais se revoltar nem polemizar diante de quaisquer agressões físicas ou verbais que venha a sofrer.

A tranqüilidade interior é a sua norma de conduta.

O perdão incondicional é o seu modo de demonstrar humildade de coração.

A serenidade diante das situações conflitantes da vida é a maneira que encontra de controlar as próprias manifestações de inferioridade que ainda possam assomar, diante da agressividade do próximo.

O manso e humilde de coração sabe tornar sua vida numa demonstração crescente de fé num Poder Maior que a tudo controla, que a tudo vê, para que o bem supere o mal.

O manso e humilde de coração consegue, assim, distribuir alegria e esperança a todos aqueles que anseiam por um pouco de paz. Torna-se um dos possuidores da Terra, e poderá nela voltar a habitar, conforme prometeu Jesus.

Na busca da fé

"...e eu te mostrarei a minha fé pelas minhas obras."
(Tiago, 2:18)

Muitos dizem não possuir fé; outros desejariam possuí-la, mas não sabem como.

A fé é um sentimento inato na criatura humana e é possível desenvolvê-la.

Mesmo aqueles que dizem não ter fé e nem sequer acreditar em Deus, no íntimo de sua alma possuem uma vaga esperança de que existe uma força maior a reger a vida.

Muitos ainda, gostariam de poder acreditar em algo mais, porém, o seu orgulho se sobrepõe a qualquer crença que possa levá-los a uma posição de inferioridade perante Aquele que os criou.

Se tu, meu irmão, te encontras entre os que duvidam da existência de Deus, espraia o teu olhar por toda a Natureza e pela extensão do Universo. Se o acaso não existe e, se as obras da Natureza, conseqüentemente, não podem ser frutos do acaso, de onde surgiram? Nada se faria a si mesmo; nada existiria de belo e de bom, sem nenhuma utilidade para o homem.

Basta, portanto, examinar as obras para se chegar ao

124

Criador. Um quadro ou uma escultura que observares, por trás deles, não perceberás a mão do artista que os executou?

Deus, o Artista Supremo, realizou a grande obra e o milagre da vida em todos os Reinos da Natureza e em todos os mundos a se espraiarem pelo Universo infinito.

Medita, portanto, na grandiosidade, na Onipotência e na Onisciência do Criador, e sentirás despontar em tua alma, aquela pequena centelha de fé que te levará a perceber em tudo o que te rodeia, a magnanimidade d'Aquele a quem chamamos de Deus.

É verdade que a inteligência humana é ainda muito limitada para abranger toda a potencialidade divina, a fim de que consigas compreender Deus em Sua plenitude.

Assim sendo, inicia a tua jornada de fé, aceitando-te como és, com humildade e compreenderás que tudo existe pela sabedoria de Deus.

Na hora das tormentas

"Bem-aventurados vós que agora chorais, porque rireis."
— Jesus (Lucas, 6:21)

No ribombar dos trovões, prenunciando a tempestade, a natureza convulsionada se prepara para retomar o equilíbrio da atmosfera.

Passada a tormenta, o ar se torna mais leve, mais puro e refrescante, e uma sensação benfazeja de paz reflete a calmaria reinante.

Assim também acontece na vida do homem: as preocupações constantes, os temores, as ansiedades, as tensões vão se acumulando de tal sorte em sua vida, que lhe pesam na alma, proporcionando-lhe uma sensação de angústia e de aflição, como se algo estivesse por acontecer. E, realmente acontece. É o momento da provação que chega, quando tudo explode e começa o tormento, como se uma tempestade lhe desabasse sobre a cabeça.

Quando isso acontece contigo, filho meu, é hora de buscar Jesus através da prece, a fim de que encontres força e coragem de tudo suportares, sem entregar-te ao desespero.

Confia no auxílio divino que não haverá de te faltar, se tiveres o coração brando e se souberes aceitar com resigna-

126

ção as tormentas que a vida te ofereça, para que te reajustes contigo mesmo dos teus desequilíbrios.

E, do mesmo modo que a tempestade chega e passa, também os momentos difíceis ou de dor que estejas a atravessar, haverão de passar, para que a paz retorne ao teu coração, e restem, apenas, as lições aprendidas.

Agradece, pois, a Jesus e a Deus Pai pela oportunidade que te foi proporcionada para te harmonizares com a própria consciência, redimindo-te dos erros cometidos no passado, embora deles, agora, não mais consigas te lembrar. É a justiça e a bondade de Deus, agindo em teu favor.

Na plenitude do saber

"Graças te dou a ti, Pai, Senhor dos Céus e da Terra, porque escondeste estas coisas aos sábios e prudentes, e as revelaste aos simples e pequeninos."
– Jesus (Mateus, 11:25)

Todo ser humano, em suas diversas etapas evolutivas, vai passando da ignorância total à plena conscientização dos seus deveres perante si mesmo, perante o próximo e perante Deus.

Nasce e renasce por muitas vezes nesse mundo e, em cada existência, adquire mais conhecimentos, seja de ordem cultural, seja de enriquecimento moral.

Através do esforço próprio e das experiências nas diversas situações que a vida o faz percorrer, vai formando a sua bagagem espiritual, isto é, vai conquistando, simbolicamente, as duas asas – amor e sabedoria – que haverão de conduzi-lo para Deus.

Mas, à medida que adquire o saber, mais aumentam os seus deveres. E, por muito saber, mais lhe será cobrado.

Deus não pune a ninguém pelos erros cometidos, quando frutos da ignorância. Mas, à proporção que estuda, que aprende e que adquire experiências, o Espírito cresce em responsabilidade, que é, portanto, de acordo com o

128

grau de conhecimentos adquiridos. Não poderá alegar ignorância aquele que já aprendeu bastante.

Muito Jesus ajudou a humanidade, com seus ensinamentos. Ensinamentos estes, que constituem uma norma de conduta moral para o homem.

Se buscares, filho meu, adquirir tais conhecimentos e os vivenciares, estarás preparando para ti mesmo uma vida futura melhor, de luz e de paz.

Contudo, se buscares esse aprendizado, mas agires de forma contrária àquilo que sabes, estarás amealhando dívidas morais perante a Justiça Divina, para resgates dolorosos nos dias de amanhã.

Estuda, aprende, esforça-te por melhorar a cada dia, cultiva em ti os bons sentimentos e dedica o teu viver a fazer o melhor para a tua evolução, também através da extensão do amor ao próximo e das boas obras que conseguires realizar em favor dos teus irmãos. Estarás, assim, engrandecendo-te interiormente e realizando, em cumprimento da tua missão redentora, a tua parte, com louvor.

Na seara do Senhor

"O campo é o mundo." – Jesus (Mateus, 13:38)

Glorificarás a tua vida, se souberes cooperar com Jesus na Semeadura Divina. O campo é imenso e a Seara do Senhor requer trabalhadores de boa vontade para que as sementes de amor plantadas, encontrando campo fértil, consigam germinar.

Se o campo é o mundo e, se o mundo é imenso, certamente, nem tudo poderás fazer, para amenizar a dor que grassa por toda parte ou para diminuir a maldade que ainda impera no coração de muitas criaturas; porém, farás a tua parte, se souberes colaborar com o Senhor, no meio onde vives.

Gostarias, é verdade, de poder fazer algo mais, inclusive por irmãos de outras terras, mas, se não tens condições para agir, efetivamente, na semeadura do bem, podes orar por eles.

À tua volta, porém, no meio familiar ou com outras criaturas com quem convives, é possível espalhar as boas sementes, falando de amor, falando de paz, irradiando luz. Lembra-te, no entanto, de que os teus bons exemplos serão sempre a tua melhor semeadura.

Assim, quando tudo à tua volta seja conturbação e de-

130

sespero, procura apaziguar os ânimos e asserenar os corações revoltados, demonstrando serenidade interior. A paz do mundo nasce da paz individual.

Quando as amarguras, as tristezas ou o desânimo levarem muitas almas a situações de desespero e de descrença na própria vida, busca tranqüilizar os corações aflitos e desolados, através da tua exemplificação de fé, de coragem e de esperança.

Quando os problemas surgirem, sem soluções aparentes, levando muitos a tomarem atitudes extremistas, auxilia, semeando paciência e resignação, pelas atitudes sensatas que demonstrares. E, sempre que puderes, do modo que puderes, supre, materialmente, o que esteja faltando para que as pessoas vivam, com dignidade.

Estarás, assim, filho meu, cumprindo a tua parte como mais um pequeno semeador de luz e de paz, na imensa Seara do Senhor.

Na senda evolutiva

"Nunca te deixarei, nem te desampararei."
– Paulo (Hebreus, 13:5)

Todos nós, seres humanos encarnados ou desencarnados, necessitamos do amparo divino em nossa jornada evolutiva.

Há momentos na vida em que nos sentimos esmorecer, tais os problemas e as dificuldades a enfrentar, para conseguirmos nos libertar das imperfeições que ainda trazemos, como herança, de um passado que deixamos ao longo dos tempos.

Lutamos, esforçamo-nos, acreditamos, mesmo, já termos superado algumas das fraquezas morais; contudo, basta pequena contrariedade a enfrentar, para que os instintos inferiores surjam, com toda a sua força, a romper as nossas resistências.

Nesses momentos, é hora de repensarmos nas atitudes e nas conseqüências desastrosas de certos atos que tenhamos cometido, e de buscarmos, através da prece, o auxílio do Alto, para termos mais força interior, a fim de recompormos o equilíbrio e não mais tomarmos atitudes que poderiam nos degradar diante da pureza imaculada do olhar de Jesus.

132

O amparo divino não nos faltará, se tivermos fé, boa vontade de melhorar, e não agirmos mais sem antes refletir. Assim, os nossos atos não mais nos levarão aos caminhos tortuosos na vida e sim, nos conduzirão, tão somente, pelas trilhas do bem, do amor, da caridade...

Muito mais que auxílio material, necessitamos de auxílio espiritual. Muito mais que a satisfação de nossas necessidades físicas, necessitamos satisfazer as necessidades da nossa alma.

Pensa nisto, filho querido, e, ainda que o teu corpo se sinta cansado e esgotado, tua alma sentir-se-á feliz e plenamente realizada, quando conseguires vencer as emoções e as tendências negativas.

A cada dia da tua existência, acrescenta algo em tua alma, através das múltiplas situações que vivenciares, para que consigas avançar um pouco mais, na senda evolutiva.

Confia no amparo divino que nunca te abandonará. Mesmo que, hoje, a vida se te apresente como treva espessa no céu da alma, o amanhã, certamente, haverá de ressurgir com o brilho de um sol radiante e esplendoroso, trazendo-te a tão desejada paz interior, só alcançada pela pureza que construirás, no teu coração, ao te libertares de todo o mal que ainda carregas contigo.

Não percas a fé

"E, respondendo, Jesus lhe disse: Tende fé em Deus."
– Jesus (Marcos, 11:22)

Diante das dificuldades da vida, não percas a fé.

Diante das dores que te atingem, não percas a fé.

Diante da violência do mundo, que observas a todo instante, não percas a fé.

Diante da miséria alheia que te faz verter lágrimas de piedade, não percas a fé.

Diante dos horrores da guerra, dos quais, embora distante, deles tomas conhecimento pelos meios modernos de comunicação, não percas a fé.

Diante dos problemas que as drogas têm acarretado para a humanidade, levando muitos à degradação moral, não percas a fé.

Diante de todos aqueles com quem cruzas nos teus passos diários, e que te facultam perceber o quão o respeito e a educação têm sido relegados a segundo plano, não percas a fé.

Diante de todo o mal que te envolva, acarretando-te situações de desespero ou de insegurança, não percas a fé.

Diante de ti mesmo, dos erros e das imperfeições, que reconheces ainda fazerem parte do teu viver, não percas a fé.

134

Diante de Jesus a quem aprendeste a amar, firma-te na fé, renova-te interiormente e faze o que estiver ao teu alcance para transformar a tua fé em obras que possam amenizar a vida dos irmãos de jornada.

Diante do Divino Mestre em quem dizes confiar, demonstra a fé através da humildade em saber esperar que a própria vida trace novos rumos, levando a humanidade terrestre a uma modificação de sentimentos e dos costumes que hoje condenas, mas que têm sido os meios escolhidos por Deus para que Seus filhos cheguem, um dia, à conquista da perfeição.

Das dificuldades da vida, das enfermidades e de outras dores que atingem as criaturas necessitadas de crescimento interior, dos horrores e das calamidades que tu mesmo presencias a todo instante, surgem oportunidades que permitem ao homem olhar para dentro de si mesmo e compreender a necessidade de evoluir, se deseja ser feliz.

Nas dores da alma

"Porque o meu jugo é suave e o meu fardo é leve."
– Jesus (Mateus, 11:30)

Muitas vezes trazes a alma, qual barco sem rumo a navegar pelos mares revoltos da vida. Momentos de aflição e desespero fazem-te desacreditar de tudo e renunciar a viver.

Remorsos, desilusões, sofrimentos atrozes, são dores da alma que tornam a vida um verdadeiro tormento.

Não te percas, porém, diante de tanta dor. Acrescenta em ti mesmo uma dose de paciência e de aceitação da vontade de Deus, para que prossigas em tuas lutas terrenas com mais coragem e desejo de lutar, para vencer.

Hoje não sabes como agir para minimizar tuas dores. Ora, com fervor, e uma luz se fará para que vislumbres um caminho a seguir, em busca de um amanhã mais ameno. Sem fé na bondade de Deus e no amparo do Divino Mestre, sem confiança em ti mesmo, serás sempre um náufrago a submergir diante do teu próprio viver.

Antes de apenas enxergares as dificuldades e outras dores que te afligem a alma, asserena o teu coração, lembrando-te de que Deus, que é Pai de Amor e Misericórdia, não nos dá cruz mais pesada do que possamos carregar.

136

Todo fardo se torna mais leve, quando aceito de boa vontade; toda dor se torna mais suave, quando suportada com resignação e fé.

Não percas a esperança, jamais! Entrega-te confiante aos braços amorosos de Jesus, e sentirás que as dificuldades se amenizarão e que toda dor que te vergasta a alma, se transformará num doce enlevo pela paz que ele haverá de te transmitir.

Aprende, porém, a olhar um pouco à tua volta, e perceberás que as tuas próprias dores se tornarão tão pequeninas, diante dos problemas escabrosos que atormentam a vida de muitos irmãos! Ama, ampara, socorre e abençoa sempre, e sentirás que o teu fardo de aflições ficará mais leve, levando-te a amar a vida do jeito que ela é, com muita vontade de viver para aprender e crescer.

Nas tormentas da vida

"Vinde a mim, todos os que andais em sofrimento e eu vos aliviarei." – Jesus (Mateus, 11:22)

Nas aflições da vida, te sentes, às vezes, sem saber qual rumo tomar.

Ao invés de te desesperares, busca na bússola do amor de Jesus, a direção certa a seguir, para que não te percas diante das dificuldades e dos temporais a enfrentar, quando nem tudo acontece conforme os teus desejos.

Tranqüiliza-te e confia, pois, certamente não estás desamparado. Bons Espíritos te protegem para que não fracasses, quando as tormentas da vida te atingirem.

Rumando pelos caminhos retos do dever bem cumprido e da prática constante do amor e da caridade, não mais te sentirás desnorteado, sem saber o que fazer ou buscar.

Dirige tua vida somente na rota do bem, ama o teu próximo como a ti mesmo, faze por ele o que gostarias dele receber, sem revides ou cobranças. Se ofensas ou desprezo te alcançarem, prossegue servindo em nome de Jesus, e não mais te sentirás perdido.

138

Deus é Pai amoroso e, como a um filho querido, haverá de velar por ti, para que consigas enfrentar com serenidade, todas as tormentas que surgirem em teu viver.

No palco da vida

*"Não basta que os lábios destilem leite e mel, pois se
o coração nada tem com isso, trata-se de hipocrisia."*
– E.S.E. (cap. 9 - item 6)

No palco da vida todos somos personagens de um só
ato, em cada encarnação que vivemos.

Contudo, é preciso que sejamos autênticos, represen-
tando a nós mesmos, sem copiarmos padrões preestabele-
cidos que percebemos nos outros.

Não vistamos, jamais, a máscara da hipocrisia. Ela poderá nos fazer acreditar sermos aquele personagem repre-
sentado. Máscara essa que, na intimidade do lar, logo deixamos cair, revelando como realmente somos, com todas
as fraquezas e as imperfeições.

A nossa conduta diante da vida não deve ser a repre-
sentação de uma peça teatral, mas uma demonstração real
daquilo que somos e do que já adquirimos em termos de
moral cristã e de crescimento interior.

Se aparentarmos bondade, sem sermos verdadeiramente bons, cedo ou tarde, pelos próprios atos, seremos
desmascarados.

Se formos gentis na vida social, sem que a gentileza
faça, realmente, parte do nosso modo de ser, soará como

140

falsidade aos ouvidos alheios.

A mansidão de coração se revela nas menores atitudes: nas palavras que proferimos, na maneira de agir, de pensar e de emitir opiniões e sentimentos.

A sinceridade e a autenticidade devem constituir a nossa conduta, no palco da vida, para que a falsidade e a hipocrisia não nos transformem o viver numa burlesca peça teatral. Fechemos as cortinas para as falsas representações e demonstraremos que o espetáculo que encenávamos, finalmente terminou.

No rumo do bem

"Se me amais, observai os meus mandamentos."
– Jesus (João, 14:15)

Não te revoltes, quando as dificuldades da vida te atingirem. O desespero diante das lutas difíceis, só denota falta de fé.

Coragem, filho meu! Aceita com paciência a taça de amarguras que a vida te oferece, como necessidade para o teu crescimento interior. Tudo tem sua razão de ser.

Se a fonte humilde recebe o lodo sem se contaminar e continua a verter água pura para os que padecem de sede, transforma as tuas adversidades em obras de caridade que levem paz e reconforto aos que sofrem as mais duras provações.

Socorre primeiramente a ti mesmo, libertando-te dos desatinos e elevando-te aos olhos de Deus Pai, por saberes transformar em atos de amor, tudo o que vieres a sofrer.

Se o buril, ao lapidar a pedra bruta, consegue transformá-la numa bela obra de arte, o buril da dor, se aceito com humildade, haverá, também, de embelezar a tua alma.

Luta, esforça-te e superarás as dificuldades que hoje enfrentas, sem sucumbires pela dor, a fim de que possas prosseguir no rumo do bem, estendendo aos irmãos de ca-

142

minhada, todo amor que cultivares dentro de ti.

Eleva sempre o teu pensamento a Jesus e roga forças para tudo suportares, sem esmorecer e sairás vitorioso perante as refregas da vida, lembrando-te sempre de que a maior vitória é aquela que se conquista sobre as próprias imperfeições.

Corrige, portanto, tudo aquilo que ainda percebes de errado em tua vida, no teu modo de agir, de pensar ou de sentir, para que encontres novos rumos que te levem a uma vida mais sadia e feliz.

O "hoje" de amarguras conseguirás assim, superar, para que o teu "amanhã" seja de glórias, sob as bênçãos e a paz de Jesus.

O bem e o mal

"Não te deixes vencer pelo mal, mas vence o mal com o bem." – Paulo (Romanos, 12:21)

O bem e o mal são dois caminhos opostos, duas ações contraditórias que podem levar à felicidade plena ou à suprema dor.

Filho meu, no teu viver terreno, enquanto cumpres a meta a ti programada para o teu crescimento interior, busca trilhar tão somente o caminho do bem, que te levará à conquista da luz.

Nada faças de que possas envergonhar-te um dia, ou chorar por arrependimento.

Não te deixes enganar por aqueles que, movidos pela inveja ou por outros sentimentos inferiores queiram conduzir-te pelos desvios da vida, levando-te a, também, praticar o mal.

Se desejas ser feliz, por que buscar o caminho das trevas, que poderão trazer-te dor?

Os ensinamentos de Jesus são bem claros ao indicar o caminho reto a seguir. Busca trilhar por eles, estendendo amor e caridade àqueles que cruzarem os teus passos, embora, nem sempre, com boas intenções.

Ama, perdoa e serve com desinteresse, tudo fazendo

144

ao próximo, como gostarias que te fizessem.

Quando, pelas tentações do mundo, agires com maldade, lembra-te de orar, para não te deixares dominar por sentimentos menos puros.

Quando a maldade alheia te prejudicar, nunca revides com outras agressões e sim, com vibrações de luz e de paz. Aquele que o mal pratica, prejudicando-te de alguma forma, poderá estar servindo de instrumento da Justiça Divina para que te reajustes com a própria consciência.

Perdoa, filho meu, perdoa sempre e não guardes sentimentos de mágoa no coração. Se o mal te atinge, recorda o ensinamento de Paulo, o valoroso Apóstolo dos Gentios: "Não te deixes vencer pelo mal, mas vence o mal com o bem."

Só conseguirás vencer a maldade alheia para contigo, com demonstrações sinceras de um verdadeiro amor; e o teu adversário sentir-se-á envergonhado e procurará agir de outra forma. Mas, quando a maldade surgir de tua própria alma, procura combatê-la com rigor, praticando atos da mais pura caridade.

O egoísmo

"...Se alguma virtude há e se algum louvor existe, seja isso o que ocupe o vosso pensamento."
— Paulo (Filipenses, 4:8)

Dentre as imperfeições humanas, uma existe que nos impede extirpar do coração os sentimentos negativos: o egoísmo.

Todos nós, herdeiros de um passado culposo, ainda carreamos o egoísmo, que nasceu em nossa alma, a partir dos instintos naturais.

Se em outros Reinos da Natureza, o instinto pela sobrevivência, leva os animais a matar para alimentar-se ou a atacar por necessidade de defender sua prole, ou por julgar-se com maior direito de posse, no reino hominal, esse instinto se transforma no mais puro egoísmo.

À medida que o homem passa a fazer uso da razão, continua a manter a supremacia dos seus desejos, concentrando no próprio "ego" as suas necessidades primordiais: "isto é meu", "tudo é para mim", "eu quero", "eu mereço".

Desde o nascimento, a criança, ao receber o carinho dos pais é exclusivista, exigindo para si toda a atenção, revelando assim, esse sentimento egóico próprio da sua natureza. Contudo, compete aos pais controlar, para que tal atitude não cresça e venha a tomar proporções alarmantes.

146

Já dono de si próprio, com seu livre-arbítrio desenvolvido, cabe ao homem dirigir a sua vida de modo que o egoísmo não mais tome conta do seu ser, esforçando-se por "fazer ao próximo o que deseja para si mesmo."

Os ensinamentos de Jesus são bem claros e nos permitem meditar em nossas atitudes, para verificarmos se não estão pautadas no egoísmo, em vez de numa virtude altruísta que nos transforma o viver em atos de amor e caridade, através do servir ao próximo, destituído de quaisquer interesses escusos.

Liberta-te, filho meu, do egoísmo que ainda possa te aprisionar em suas garras, procurando fazer do teu viver terreno, uma exemplificação constante dos ensinamentos de Jesus, para que possas crescer e elevar-te a um grau superior de evolução.

O "ter" e o "ser"

"...Causa-me dolorosa impressão a vossa incessante preocupação com os bens materiais, enquanto dedicais tão pouca importância e consagrais tão reduzido tempo ao aperfeiçoamento moral..." – E.S.E. (Cap. 16 - item 12)

No teu caminhar terreno, esfalfas-te por acrescentar sempre algo mais às tuas aquisições materiais. Preocupaste em demasia com o "ter", desculpando-te por pensar nos dias de amanhã, para que nada te falte, nem aos teus.

Reconheces, assim, que a vida exige de ti muito trabalho e, com isso sentes-te cansado e esgotado em tuas energias.

Ao invés de buscares com tanta ânsia o "ter", lembrate também das aquisições espirituais que haverão de aformosear o teu "ser", procurando a tua melhoria interior, libertando-te, sobretudo, do egoísmo que te leva a pensar somente nas tuas necessidades primordiais, sem te preocupares com as mínimas necessidades alheias.

Antes do "ter", aprimora o teu "ser". Sê bom, sê caridoso, distribuindo um pouco daquilo que hoje possas "ter". Divide o pão que te serve à mesa; reparte com os nus a roupa esquecida no armário; leva, em tuas horas de descanso, um pouco de alegria para aqueles que vivem na

148

solidão; ampara também os que sofrem e ameniza a dor dos enfermos com palavras de reconforto, de esperança e de fé.

Lembra-te sempre de que, tudo aquilo que acreditas "ter", na realidade são apenas empréstimos de Deus que te permite, provisoriamente, deles usufruir e fazer bom uso em favor do teu próximo.

Assim, filho meu, na tua jornada terrena, perceberás que o "ter" já não te provocará tantas preocupações e não te despertará tantas ambições!

Esforça-te, porém, por "ser" um fiel servidor do Cristo, ao colocares em prática alguns dos seus ensinamentos, amando, perdoando e abençoando sempre, mesmo àqueles que se coloquem em teus caminhos, impedindo-te de mais poderes "ter".

Paciência... sempre paciência

"É na vossa paciência que ganhareis as vossas almas."
– Jesus (Lucas, 2:19)

Não te desesperes, filho meu, se ainda não conseguiste realizar teus melhores sonhos. Esforça-te, luta, mas não percas a paciência, em circunstância alguma. No momento certo, as coisas acontecem.

Se a vida exige muito de ti e te sentes cansado e desgastado fisicamente, não te revoltes e aguarda, com paciência ilimitada, até que as tuas lutas se façam mais amenas.

Quando as incompreensões daqueles que te rodeiam se transformam em cobranças constantes, busca na paciência a força que te falta para continuares servindo, sem reclamar.

Nos momentos em que te sentes sugado e atormentado pelos que muito exigem de ti, recorre à paciência para que transformes, em doações de amor, todos os teus atos em favor de outros irmãos.

Se aqueles a quem mais amas revelam pouco amor por ti, pela agressividade constante, busca, no íntimo do ser, a

150

paciência necessária, a fim de que consigas tudo suportar, sem esmorecer ou fraquejar.

Paciência... sempre paciência em todos os momentos da vida. Paciência para com todos e para contigo mesmo.

Nem sempre nos aceitamos como somos, nem as situações que vivemos, e passamos a cultivar dentro de nós sentimentos de autopiedade.

Afasta de ti, filho meu, tais sentimentos negativos ou pensamentos de revolta, recorrendo à prece, em ligação com Jesus, para que a paciência não te falte e alcances um grau superior de evolução.

Foi com a paciência de Deus para contigo, que chegaste até onde estás.

Foi com a paciência daqueles que sempre velaram por ti, que conseguiste superar muitas das tuas inseguranças para que te transformasses no que hoje és.

Continua, pois, a buscar paciência sempre, para que consigas alcançar, em breve tempo, a tua própria redenção e iluminar-te um pouquinho mais.

Lembra-te, finalmente, de que tudo o que a Natureza oferece de belo e de bom, resulta da imensa paciência do Criador para com todos os Seus filhos.

Paz e progresso

"Deixo-vos a paz, a minha paz vos dou; não vo-la dou como o mundo a dá." – Jesus (João, 14:27)

Caminhas na vida em busca de paz. Transitas pelos caminhos, com desejos de progresso. É uma busca constante daquilo que almejas, sem que encontres nem este, nem aquela.

Se o progresso realizado pode trazer paz interior, a sua conquista requer muita luta e um esforço contínuo.

Nada se consegue com facilidades, sem que mobilizemos os braços e usemos a mente.

Contudo, não basta lutar, como não basta raciocinar; é preciso deixar que o coração nos comande os atos, para que não transformemos as nossas lutas em contendas, que levam à desunião.

Trabalhemos, sim, e usemos o cérebro para construir novos rumos na vida, mas cultivemos bons sentimentos que nos permitam respeitar os direitos dos irmãos.

É só respeitando e compreendendo o próximo, que conseguiremos a paz interior tão desejada. Não nos julguemos, assim, com mais direitos que ninguém, nem mais merecedores de galgar as posições de maior destaque.

Prossigamos esforçando-nos, mas aceitando com sere-

152

nidade e resignação também as derrotas que, porventura, encontrarmos em meio às lutas. Os fracassos, como toda derrota, também constituem uma forma de aprendizado.

Se a luta ensina, o erro ensina muito mais. É natural, portanto, filho meu, que venhas a fracassar ou errar em meio às lutas e aos labores constantes. Contudo, procura tirar deles alguma lição para não mais errares ou fracassares em teus esforços pela conquista de progresso ou pela busca de paz.

Confia na proteção divina, ora com fervor e prossegue em teus caminhos evolutivos, mesmo que não consigas de imediato, aquilo que tanto esperas alcançar.

Não desanimes, jamais; um dia acontecerá, trazendo-te a alegria suprema de compartilhar com Jesus, um pouco da paz que ele nos legou.

Pela língua

"...refreie a sua língua do mal..." (I Pedro, 3:10)

É pela língua que o mal se espalha.

É pela língua que a discórdia se instala.

É pela língua que a condenação acontece, destruindo as esperanças e os sonhos de quantos anseiam por um pouco de paz.

A língua... sempre a língua tem sido a causa de muitos males que se estendem sobre a Terra. Mas é pela língua que o bem se constrói para que o amor possa reinar.

Faze, filho meu, com que a tua língua não te leve a transformar em mal, aquilo que poderia ser um bem. Não deturpes o que ouves, não espalhes boatos, não agridas verbalmente a ninguém.

Controla o teu falar, para que as conseqüências daquilo que proferires, não se reflitam no teu próprio viver, trazendo-te resultados desastrosos.

Assim, ao invés de usares o teu verbo em palavras que caluniem, que provoquem desentendimentos e intrigas ou que transmitam algum rancor que possas trazer no coração, deixa o amor vibrar, intensamente, dentro de ti, para que espalhes tão-somente o bem, através das boas palavras.

Antes de proferires qualquer palavra que agrida, cala-

154

te, silencia, reflete e deixa os bons sentimentos aflorarem e se externarem, a fim de que pronuncies apenas palavras doces e ternas, que soergam os caídos e balsamizem os corações aflitos e desiludidos.

É por amor que o bem se estende e, a ti mesmo retornará. Sempre se recebe de volta, todo o bem ou o mal que se espalhar. Usa, pois, a tua língua para perdoar e abençoar, para esclarecer e levar luz onde as trevas da ignorância ainda se façam presentes. Evita usá-la em queixas constantes, que nenhum bem poderão te trazer.

Que a tua língua, portanto, não seja jamais "causa de escândalo" e sim, motivo de engrandecimento interior, por saberes fazer daquilo que dizes, oportunidade de levar aos que contigo, de alguma forma, convivem, um pouco do amor e da paz de Jesus.

Pelos atalhos da vida

"Prossigo para o alvo..." – Paulo (Filipenses, 3:14)

Nos caminhos da vida que percorres, não te percas pelos atalhos, acreditando encurtar distâncias. Nem sempre o que acreditas ser o certo, realmente o é.

Se tens uma meta a atingir, olha à frente e prossegue com firmeza e coragem, sem vacilações sobre qual rumo tomar.

Não te percas, buscando caminhos ilusórios que te façam acreditar poder vencer mais facilmente. Sê honesto contigo mesmo, fiel nas decisões e, confiando em Deus Pai que a tudo vê e a tudo provê, prossegue na certeza de que Ele amparar-te-á e não fracassarás.

Pelos atalhos da vida, buscando facilidades que, nem sempre, encontras, desvirtuando o próprio caráter, criarás, por certo, situações sem retorno, que te farão sofrer muito.

Preserva a ti mesmo das tentações que te possibilitem tomar atitudes errôneas, das quais, naturalmente, te arrependerás.

Somente pelos caminhos retos da vida alcançarás a vitória sobre ti mesmo, libertando-te de algumas das tuas imperfeições, a fim de que consigas avançar um pouco mais na tua jornada de ascensão espiritual.

156

Assim, sem envolver-te em situações perigosas que te degradem perante a própria consciência, caminha confiante na alegria suprema que haverás de conquistar, quando te reconheceres melhor e mereceres alcançar tudo aquilo que buscas com tanto fervor!

Perante as dificuldades

"Tomou o cálice e, tendo dado graças, o deu aos seus discípulos dizendo: 'Bebei dele todos'." (Mateus, 26:27)

Aceita, filho querido, a taça de amarguras que a vida hoje te oferece e procura sorver o conteúdo das dores e dificuldades que estejas enfrentando.

Até mesmo a enfermidade do corpo, às vezes, se faz necessária para que o espírito possa se aformosear.

Se a tudo suportares, sem queixas ou revolta, sem desespero ou aflições; se te conservares sereno, confiando na justiça suprema de Deus Pai, compreenderás que a dor do corpo é remédio para o crescimento da alma.

Hoje sofres, mas, para que o teu amanhã se faça mais ameno, asserena o coração, abranda as palavras, sorri quando sentires vontade de chorar, guardando na memória as coisas boas que surgirem em meio às dificuldades.

Toda dificuldade na vida é impulso para um crescimento interior. Todo obstáculo requer coragem e perseverança para ser vencido.

Arregimenta-te de fé e de esperança de que dias melhores haverão de surgir. Tudo passa nesta vida, nada é para sempre. No céu que, hoje, te parece sombrio, aos poucos, a luz irá rompendo as trevas, por mais espessas que sejam.

158

Ora e prossegue no teu labor diário. Não te esqueças, porém, dos deveres de amor e de caridade perante aqueles que te acompanham os passos nessa jornada terrena. Sê manso, sê bom, sê firme nas resoluções, sem, contudo, impor, com orgulho e prepotência, a tua vontade sobre os desejos alheios.

Busca compreender o outro que tens ao teu redor, as suas limitações, as suas necessidades e faze o que possas para minorar-lhe as carências físicas ou afetivas. Ama, ampara e abençoa sempre, e não te faltarão as bênçãos de Jesus.

Perdoa a ti mesmo

"Perdoar aos inimigos é pedir perdão para si mesmo."
– E.S.E. (Cap. X – item 15)

Ama a ti mesmo e aceita-te como és, com tuas fraquezas e limitações, mas esforça-te por melhorar um pouco mais a cada dia.

A não aceitação das próprias imperfeições pode levar-te à revolta, aos sentimentos de culpa, quando agires de modo contrário às tuas convicções.

Como criatura humana que és, eivada de erros desta ou de outras encarnações, é natural que venhas a fracassar em teus propósitos de melhoria interior.

Nem sempre a vida te facilita a realização plena desses propósitos. A convivência diária com pessoas diferentes pode levar-te, muitas vezes, a desentendimentos e atitudes levianas que provocam atritos e, conseqüentemente, trazem o arrependimento pelo fracasso alcançado.

Contudo, não te culpes, nem te condenes pelo fato ocorrido. Do erro praticado, algo mais procura aprender. Do fracasso alcançado, surge ocasião para crescimento interior.

Portanto, aproveita cada instante de insucesso para construir novas metas, ao invés de te condenares. Perdoa a

160

ti mesmo, pois só através do autoperdão conseguirás perdoar ao outro, àquele que tenha te agredido com palavras rudes e ofensivas. E, se não souberes perdoar nem a ti mesmo, como esperar ser perdoado por Deus?

Assim, quando situação idêntica surgir, novamente, em teus caminhos, saberás controlar-te, para que não mais te deixes influenciar pelas atitudes alheias e não voltes a reagir do mesmo modo. Revidando agressões, igualar-te-ás ao agressor.

Mostra-te superior, entende e desculpa. Mas, lembra-te, filho querido, que o perdão deve sempre começar na tua própria alma, perdoando a ti mesmo, se negares, com os teus atos, tudo o que já conseguiste aprender.

Por eles também

"Isto vos mando, que vos ameis uns aos outros."
— Jesus (João, 15:17)

Muito se tem falado em Caridade, da necessidade de amparar os que sofrem sob o guante da dor...

Muito se tem rogado por aqueles que, em desespero, se debulham em lágrimas, diante das situações mais dolorosas da vida...

Muito se tem pregado sobre o dever de praticar o bem, amparando, socorrendo, aliviando os desesperados e soerguendo os desesperançados...

Contudo, muito se tem esquecido daqueles outros irmãos que, por trás de quaisquer sofrimentos, têm sido a causa de tanta dor!

São estes, certamente, os "enfermos que necessitam de médico", segundo os dizeres do Mestre Jesus.

Enquanto muitos sofredores são socorridos e aliviados, por se tornarem merecedores de nossas preces, poucos se lembram de orar por aqueles que, transitando pelos caminhos do mal, tomam atitudes errôneas, prejudicando a si mesmos, ao levarem a dor a muitos corações. Roguemos a Deus por eles também...

Protejamos a infância desvalida, socorramos a velhi-

162

ce desamparada, aliviemos a dor dos doentes, saciemos a fome daqueles que mendigam por um prato de comida, amparemos os andrajosos da vida, estendamos as nossas mãos em socorro de todos os que sofrem de alguma forma. Porém, por aqueles que provocam a dor, procuremos emitir pensamentos luminosos que possam induzi-los à prática do bem, do perdão e da mais pura fraternidade.

Apiedemo-nos de todos eles, pois certamente, muito haverão de sofrer, até que consigam trilhar tão somente o caminho da luz, do amor, da caridade. Quantas lágrimas haverão de verter, quantas aflições terão de suportar, mergulhados nas trevas que estão atraindo para si próprios!

Todo o mal que fazem aos outros, a eles mesmos retornará. É a colheita da semeadura feita. É a lei do retorno, de Ação e Reação. É a perfeição da Justiça Divina que dá "a cada um, segundo as suas obras".

Façamos nós, portanto, bem a nós mesmos, aprendendo a orar também por esses irmãos tão carentes de amparo, de amor e de luz! São seres humanos como nós mesmos o somos, percorrendo as trilhas evolutivas da vida em processos de aprendizado constante e, o que por eles também fizermos, por nós mesmos estaremos fazendo.

Por tudo, agradece!

*"Dando sempre graças a Deus por tudo, em nome de
Nosso Senhor Jesus Cristo..." – Paulo (Efésios, 5:20)*

Agradece a Deus por tudo que passares nesta vida,
pelos momentos felizes ou de maior sofrimento.

Agradece pela própria vida que te foi dada para que
pudesses, de alguma forma, evoluir.

Agradece pelo ar que respiras, pela água que te serve,
pelos alimentos de que te nutres, por tudo de bom e de
belo que a Natureza te oferece para alegrar o teu viver.

Agradece pelas árvores amigas e pelos doces frutos
que fornecem, pelas aves que gorjeiam e saltitam por seus
galhos.

Agradece pelo vento que sussurra, pela brisa que re-
fresca, pelas flores que embelezam e exalam suave perfume no ar.

Agradece pelo sol que ilumina e aquece, pela chuva
benfazeja que se derrama sobre a terra, fecundando o solo
para que as plantas possam vicejar.

Agradece pela beleza dos rios e cachoeiras, pela imen-
sidão dos mares que proporcionam ao homem condições
de neles reconhecer a grandiosidade de Deus.

Agradece pelos animaizinhos que possas ter na convivência do lar e, mesmo, por todos aqueles que, vivendo nas selvas, colaboram, de alguma forma, para o equilíbrio da Natureza.

Agradece pela família que tens, pelo lar que te aconchega, pelo trabalho que engrandece e pelo pão de cada dia.

Agradece por todo o bem que hoje desfrutas, mas agradece também por tudo aquilo que possa te parecer um mal, e que, na realidade, é um bem.

Agradece pelas doenças que te fazem sofrer, mas que te levam à cura da alma; agradece pelas dificuldades que te permitem crescer, pelos problemas que te obrigam a raciocinar e agradece, até mesmo, pelas lágrimas de resignação vertidas em meio à dor, diante da perda de algo, ou de alguém que aprendeste a amar.

Agradece pelas oportunidades que surgem em teu viver para que te faças mais forte, a fim de poderes amparar os mais fracos que te busquem a ajuda, em grandes aflições.

Agradece por poderes servir ao teu próximo, sem quaisquer interesses escusos e sim, por já muito saberes amar.

Agradece pela fé que hoje brilha em tua mente e pelos conhecimentos que já pudeste adquirir, levando-te a prosseguir no caminho do bem, em busca da própria evolução.

Agradece, sobretudo, pela alegria suprema de trazeres Jesus em teu coração e de teres Deus a te abençoar por todo o bem que conseguires realizar, mesmo quando a vontade d'Ele não seja a mesma que a tua.

Problemas e soluções

"Porque Deus não nos deu o espírito de temor, mas de fortaleza, amor e moderação." – Paulo (II Timóteo,1:7)

No caminhar da vida deparas, muitas vezes, com dificuldades sem conta, problemas escabrosos a resolver, e torturas tua mente, em busca de soluções.

Não te detenhas, porém, em queixas constantes. Não temas; arregimenta-te de coragem, e enfrenta de ânimo firme a própria luta, sem esperar pela colaboração alheia que, nem sempre, poderá surgir.

À medida que te esforças na busca de soluções, mais facilidades encontrarás, quando outras dificuldades surgirem em teus caminhos.

Orienta-te pelo rumo da luz e confia na inspiração divina, que não faltará, se tiveres fé e boa vontade em servir, para amenizar, o mínimo que seja, a dor do teu próximo. Esquecendo um pouco os problemas que te afligem, para dedicar-te a auxiliar na solução de outros maiores que os teus, de irmãos menos felizes, reconhecerás que os teus serão amenizados, pois onde enxergavas falta de soluções, perceberás que, muitas vezes, às coisas se resolvem por si sós.

Observa a Natureza que constantemente se refaz, apesar das agressões do homem. É a mão de Deus agindo em favor de Seus filhos.

Não permaneças assim, no desânimo e na falta de fé. Renova-te interiormente para melhor, moderando as atitudes negativas, e a vida te recompensará, proporcionando-te novas oportunidades de realizações que, se a elas te dedicares com amor e boa vontade, haverão de engrandecer-te aos olhos do Criador.

Confia, trabalha, esforça-te na busca do melhor, para que a tua alma sedenta de paz encontre, para as soluções que desejas, apoio na paz e no amor de Jesus.

Prossegue no bem

"Por isso, enquanto tivermos oportunidade, façamos o bem a todos..." – Paulo (Gálatas, 6:10)

Rujam tempestades à tua volta, tornando o teu caminhar num tormento constante, prossegue no bem.

Soprem os ventos em direção contrária ao que desejas, anulando as tuas melhores esperanças, prossegue no bem.

Surjam desastres materiais em teus caminhos evolutivos, levando-te ao desespero ou à revolta, prossegue no bem.

Se desconfianças e calúnias enxovalham o teu nome, tornando-te desacreditado por muitos, prossegue no bem.

Se doenças surgem em teu meio familiar ou envolvendo a ti mesmo, fazendo-te sofrer, prossegue no bem.

Em quaisquer circunstâncias da vida, felizes ou dolorosas por que atravesses, prossegue no bem.

Quando a vida sorri para nós, muito fácil se torna a realização dos nossos propósitos de bem. Contudo, filho meu, quando a dor ou a dificuldade entravarem os teus passos, levando-te a recuar nos bons propósitos, não desanimes ainda assim.

Prossegue em busca da meta a atingir na trilha do bem, para alcançar a tua própria evolução e sê tu, aquele

168

servidor leal do Cristo.

Se os momentos felizes te trazem júbilo, e os instantes difíceis te fazem chorar, transforma os teus sorrisos ou lágrimas, em doações de amor e de caridade para com aqueles que passam por situações de extrema penúria ou de superlativos sofrimentos da alma.

Do Alto, luminares do Senhor, acompanham-te os passos, sustentando-te a fé e a coragem, para que o bem que realizares, a ti mesmo possa retornar.

Quando...

"Os sãos não precisam de médico, mas sim, os enfermos."
— Jesus *(Mateus, 9:12)*

Quando a discórdia surge nos nossos relacionamentos mais íntimos, necessário se faz que saibamos tolerar, compreender e desculpar, para que a harmonia se restaure entre nós.

Quando a tristeza faz morada em nosso coração, esqueçamos os momentos menos felizes da vida, para que a alegria se nos retorne ao viver.

Quando as mágoas ou os desencantos interferem em nossa paz interior, afastemos de nós tais sentimentos que nos perturbam para que a serenidade nos acalente o coração.

Quando as dificuldades de ordem material surgem em nosso caminhar terreno, busquemos, na fonte do trabalho ativo, amenizar as situações difíceis que atravessamos.

Quando o ciúme nos martiriza interiormente, por enxergarmos o mal onde, talvez, ele não exista, procuremos, na prece, a coragem de libertar-nos desse e de quaisquer outros sentimentos que nos aprisionem ao egoísmo.

Quando o ódio ou a revolta nos transformam a vida num arsenal de guerra, recolhamos as nossas armas inte-

170

riores de defesa, para que o orgulho não fale tão alto dentro de nós.

Quando, enfim, nossa vida não se encontra num clima de verdadeira paz, é, certamente porque, somos nós mesmos aqueles "doentes da alma que necessitam de médico", como disse Jesus. É hora, portanto, de recorrermos a ele, como o médico das almas, e de buscarmos a nossa cura interior, pela vivência plena dos seus ensinamentos, através da prática da caridade em todos os seus aspectos e de uma efetiva reforma íntima.

Pensa nisso, filho meu!

Quando a dúvida aparece

"Nós, porém, temos a mente do Cristo."
— Paulo (I Coríntios, 2:16)

O bem e o mal são dois caminhos a seguir na vida e que podem nos levar a situações felizes ou de dor. Às vezes, porém, confusos, já não sabemos discernir, com clareza, o que seja realmente um bem ou, se não seria antes, um mal.

Quando a dúvida aparece e não sabemos como agir, o melhor a fazer é consultar a própria consciência e indagar de nós mesmos: como agiria Jesus em tal circunstância?

Se assim fizeres, certamente não errarás.

Nem sempre, porém, tens fé suficiente para confiar na resposta. Teus interesses imediatistas falam mais alto na tua mente. É preciso que tenhas a mente do Cristo a dirigir-te a vida pelos caminhos retos do amor e da luz, com desprendimento total dos bens materiais que ainda possam te aprisionar, para não te apegares a sentimentos egoístas, que te impedem de agir desinteressadamente.

É natural que, na vida, encontres decepções diante do

172

que aguardavas com ansiedade. As próprias pessoas em quem confiavas podem trazer-te desilusões constantes.

Nesses momentos de incerteza sobre o que fazer, lembra-te de orar para amenizar tua amargura. Encontrarás, na ligação com o Alto, a força e a coragem de que necessitas para entender o porquê das dificuldades e para prosseguir em tuas lutas redentoras, sem jamais esmorecer.

Jesus foi o exemplo maior a ser seguido por todos nós. Não hesites, confia nos ensinamentos que ele nos legou e procura segui-los. E, se buscares integrar-te à mente do Cristo, pensando e agindo como ele pensaria e agiria, conseguirás acertar, evitando que qualquer mal te impeça de trilhar tão-somente os caminhos do bem, do amor, da caridade.

Que farei?

"Que farei então de Jesus, chamado o Cristo?"
– (Mateus, 27:22)

Nas lutas da vida, há momentos em que te entregas ao desespero e, sem saberes o rumo a tomar, perguntas a ti mesmo: "E agora, que farei?"

Quando pensas que já conseguiste clarear a mente por conhecer alguns dos ensinamentos de Jesus, e adquiriste discernimento suficiente do certo e do errado, do bem e do mal, acabas por tomar atitudes das quais logo te arrependes.

Como agir, então? Como saber qual o caminho a seguir?

Lembra-te, porém, das palavras do Divino Mestre : "Eu sou o Caminho, a Verdade e a Vida, e ninguém chegará ao Pai, senão por mim."

Assim, filho querido, quando a dúvida surgir em tua mente, indaga de ti mesmo: que espera Jesus que eu faça em tal situação? Desejaria ele que me apegasse a sentimentos egoístas e fizesse algo que pudesse prejudicar alguém? Não gostaria ele que me sacrificasse para que outros irmãos pudessem ser felizes? Deveria colocar os interesses materiais acima das conquistas espirituais?

174

Por que duvidar, então, se sabes, por seus ensinamentos, a resposta correta ?

Buscando seguir as diretrizes traçadas por Jesus, certamente não errarás nas atitudes a serem tomadas na vida. Portanto, em vez de perguntares como Pilatos "Que farei?", indaga da tua própria consciência: "Que espera Jesus que eu faça?"

Não ajas, porém, como aqueles que apenas lhe seguem os passos, movidos por interesses inferiores que lhes satisfaçam as necessidades imediatas, afastando-se quando não conseguem alcançar aquilo que ambicionam ou quando o momento do testemunho surge no próprio viver.

Parte assim, filho querido, sem demora, para a plena realização de tudo o que já conseguiste aprender e que possa engrandecer-te perante os olhos do Mestre Maior, Jesus.

Raízes do passado

*"Sabeis por que uma vaga tristeza se apodera por vezes
de vossos corações, e vos faz sentir a vida tão amarga?"*
— E.S.E. (Cap. 5 – item 25)

De outras encarnações, trouxeste para a vida presente, qualidades e defeitos que constituem o teu caráter, mostrando o que hoje és.

Contudo, para que consigas evoluir, é preciso que arranques da alma essas raízes profundas, que ainda te prendem a um passado de erros, de mágoas ou de outras imperfeições e aproveita as poucas conquistas já feitas, como base para o teu crescimento interior.

Se te prenderes por muito tempo ao ontem, querendo reviver certas situações já esquecidas e abandonadas, mesmo aquelas guardadas no inconsciente profundo, não caminharás para a frente; ficarás estacionado sem conseguir evoluir. Em conseqüência, uma intensa melancolia envolverá a tua alma, levando-te a sofrer muito.

Procura criar dentro de ti outras raízes melhores, pelos bons atos que praticares, por todo o bem que estenderes, pelos conhecimentos que adquirires, pelo perdão que te renovará e pelo amor que souberes distribuir. Esforça-te por transformar o teu viver de hoje numa exemplificação

176

constante dos mais belos, puros e nobres ensinamentos de Jesus.

Não chores hoje pelos erros do ontem; não lastimes as oportunidades que perdeste. Procura sim, construir em tua vida um novo caminho, um caminho de luz, onde a caridade e a humildade sejam os melhores títulos que possas ostentar.

Transitando pela vida entre uma encarnação e outra, estarás sempre criando novas raízes a se estender para um futuro melhor, se souberes podar as raízes do passado que estejam velhas e ressequidas, nas quais a seiva divina não mais possa percorrer.

Renovação

"Transformai-vos pela renovação de vossa mente..."
– Paulo (Romanos,12:2)

Pelos campos e vergéis, num colorido brejeiro, brotam flores diversas, anunciando a chegada de uma nova estação.

Nos galhos vetustos das árvores ou em viçosas ramagens, uma nova e bela florada antecede o nascimento dos frutos.

É a Primavera que surge com todo o seu esplendor, após a estiagem do Inverno, numa renovação da vida. Tudo é beleza, tudo é encanto para os sentidos humanos, levando o homem a vislumbrar, na própria Natureza, a Onipotência e a Magnanimidade do Criador!

Assim procura agir, meu irmão. Renova-te interiormente e não permitas que a frieza de sentimentos enregele o teu coração, e nem que as mágoas e ressentimentos consigam endurecê-lo. Deixa brotar dentro de ti sentimentos mais puros e nobres que te engrandeçam aos olhos de Deus, fazendo como as flores que, embora retirem da terra fétidos adubos, espalham suave perfume no ar.

Renova-te para a vida, como o dia se renova após a noite, imitando a Natureza que se encontra em constante

178

renovação. Modifica as tuas atitudes para o bem, acrescentando sempre algo de bom ao teu modo de ser e de agir, apesar de todos os problemas que possas encontrar.

Recorda Jesus, o Divino Amigo, relembra os Seus ensinamentos sublimes e procura vivenciá-los intensamente.

Deixa para trás as tuas imperfeições e fraquezas, inseguranças e temores, que só retardam a tua marcha evolutiva, a fim de que cresças interiormente.

Esforça-te por amar com o mais puro dos sentimentos, transformando os atos mais simples em demonstrações efetivas de bem-querer. Ampara aos que sofrem, minimizando a dor alheia através da caridade. Aprendendo a amar como se deve, mais terás para oferecer em favor do próximo.

Se a própria vida se renova através das múltiplas encarnações, aproveita o tempo que te foi dado e as oportunidades que te têm sido proporcionadas para uma renovação interior, com o acréscimo de algumas virtudes que puderes adquirir.

Sê paciente e tolerante em todas as situações que tiveres de enfrentar. Não reclames nem te revoltes quando as dificuldades surgirem em teu viver.

Renova-te pela mente, fazendo do teu caminhar de hoje, uma caminhada de luz e de paz, de bênçãos e de alegrias, por tudo de belo e de bom que conseguires acrescentar em teus pensamentos e sentimentos.

Deixa que o amor pelo próximo brote em profusão dentro de ti, assim como as flores que surgem para o encanto da estação primaveril. Só assim conseguirás que muitas flores de caridade te transformem o viver num verdadeiro jardim encantado que embeleze a tua própria vida, e do qual possa exalar o mais doce e suave perfume: o perfume do amor.

Resignação e conformismo

"O homem pode aumentar ou abrandar o amargor de suas provas, pela maneira de encarar a vida terrena."
– E.S.E. (Cap. 5 – item 13)

Quando o fardo de aflições se torna insuportável em tua vida, não te entregues ao desânimo, nem ao desespero. Procura sim, aceitá-lo com resignação e coragem, buscando forças na vivência dos ensinamentos de Jesus.

Por mais dolorosas que sejam as situações que estejas a atravessar, lembra-te de que, à tua retaguarda, muitos irmãos passam por situações bem mais desesperadoras, esperando de ti um pouco de atenção e de consolo. Abre o coração, estende as mãos, trabalha em favor do próximo e esquecerás as próprias dores.

E, se souberes aceitar o sofrimento com resignação e fé, ele também poderá ser amenizado e a dor não te fará sofrer tanto!

Resignação, porém, não é conformismo. Não te acredites deserdado da vida, nada fazendo para minimizar o teu sofrimento.

180

A resignação não deve imobilizar os teus braços, nem levar-te a desistir de tudo para entregar-te a uma vida inútil, em que nada mais saibas fazer, além de chorar.

Sê resignado e não te revoltes quando as dificuldades transtornarem o teu viver, transformando-o numa forja de aflições.

Sê resignado e não lastimes a vida que tens, nem as provações às quais fizeste jus.

Sê resignado diante de todos os percalços que a vida te apresente, porém, sustentando-te na fé e na coragem de lutar para superar a tudo.

O conformista, ao contrário, se nega a lutar por achar que não vale a pena, que o esforço não compensa, pois, tudo haverá de continuar como está.

Assim, filho meu, evita o conformismo em teu viver, mormente nas horas mais difíceis a atravessar, mas não deixes de ser resignado, aceitando a vontade suprema de Deus, que não nos dá fardo acima do limite de nossas próprias forças.

Rogativas

"Pai, não se faça a minha vontade, mas a tua."
– Jesus (Lucas, 22:42)

Diante das circunstâncias menos felizes da vida, recorremos à proteção divina rogando, com fervor, alívio para os nossos males e aflições. Prometemos, muitas vezes, modificar-nos interiormente, reajustando os nossos atos de acordo com os desígnios de Deus.

Porém, tão logo somos atendidos nas rogativas, retornamos aos desatinos, esquecendo-nos, por completo, daquilo que havíamos prometido.

De outras vezes, quando o auxílio do Alto nos alcança, já nos encontram modificados em nossos desejos, por não querermos mais o que antes tanto queríamos!

Medita nisto, filho meu, quando fores rogar as benesses espirituais, que mobilizam recursos divinos para o atendimento da tua vontade. Pesa na balança da tua consciência para verificar se realmente é o que desejas obter, e se é mesmo para o teu bem.

As dificuldades e os problemas que surgem na vida, antes de ser um mal, são, muitas vezes, o impulso de que necessitamos para a nossa evolução.

Aceita, pois, com resignação e fé, todas as possíveis

182

adversidades que a vida esteja a te oferecer, agradecendo mesmo a Deus, pela oportunidade de ressarcir tuas dívidas perante a Justiça Divina, pelos muitos erros praticados ao longo de outras encarnações.

Procura reconhecer tuas falhas morais, a fim de que possas saná-las, evitando assim, que caias novamente nos mesmos erros.

Aceita a vontade suprema de Deus Pai e prossegue em tua luta redentora, com o propósito firme de alcançar um grau superior de evolução.

Assim sendo, mesmo que sintas o corpo cansado, os braços doloridos, prossegue trabalhando em teu próprio benefício, através do bem que espalhares. E, mesmo que teus olhos se encharquem de lágrimas e que sintas o coração oprimido por teres de renunciar àquilo que mais desejas, continua a distribuir amor pelos caminhos que te sejam dados a percorrer.

Só assim, perceberás que a resposta do Alto aos teus anseios, já se faz presente, sem que a tenhas ainda podido compreender.

Saber e agir

"Então, enquanto temos tempo, façamos bem a todos..."
– Paulo (Gálatas, 6:10)

Relembra, filho meu, a doce e terna mensagem trazida por Jesus, através dos ensinamentos que já pudeste receber. Recorda-os, um a um, pois muito já aprendeste. Contudo, não deixes de praticá-los. Só assim crescerás, só assim evoluirás, vencendo as barreiras das imperfeições que ainda trazes enraizadas na própria alma.

Não basta saber; é preciso agir, pois, como disse Jesus: "A quem muito foi dado, muito será pedido." Mais responsabilidade tem aquele que muito aprendeu.

Não te percas na expectativa de dias melhores para agir. Enquanto a vida te permite, esforça-te, luta contigo mesmo para que transformes todos os teus atos em manifestações constantes de amor, mesmo em meio às adversidades que encontres em teus caminhos.

Vence o monstro do egoísmo que, com suas garras, te aprisiona aos próprios interesses, impedindo-te de amparar e de auxiliar a outros irmãos com necessidades bem maiores que as tuas.

Supera o fantasma do orgulho que o leve a considerar-te superior a teus irmãos, para que a humildade tão apre-

184

goada por Jesus, encontre meios de aflorar de dentro de ti.

Liberta-te, sem demora, do comodismo que ainda esteja a impedir-te de muito mais poderes realizar em prol da felicidade alheia.

A tua própria felicidade encontrarás, se souberes transformar a vida em doações constantes de fraternidade, em demonstrações de carinho e de compreensão, diante dos desajustes que percebas naqueles com quem convives ou que te cruzem os passos na tua caminhada de hoje.

Sê bom, sê terno, sê tolerante para que possas amparar sem censurar, e consigas amar com pureza de coração, como Jesus a todos amou e ensinou a amar.

Saber esperar

"E assim, esperando com paciência alcançou a promessa."
– Paulo (Hebreus, 6:15)

Saber esperar também é uma virtude que precisas conquistar, para não te precipitares nas atitudes a tomar e não vires a sofrer as conseqüências da tua ansiedade.

Se a pressa é "inimiga da perfeição", como afirma o dito popular em sua sabedoria, saber esperar requer uma boa dose de paciência para não transformares os teus atos que deveriam ser vitoriosos, numa derrocada total.

Toda precipitação leva a agir sem pensar, sem analisar os prós e os contras e, assim, nem sempre se consegue alcançar os objetivos desejados.

A própria Natureza não tem pressa; nada acontece fora da época prevista: o fruto não amadurece antes do tempo, a semente não brota, se o clima ainda não for apropriado para o plantio, nenhuma planta cumpre o seu papel fora da devida estação.

Mesmo a recomposição dos elementos materiais do solo destruídos pela ação dos fenômenos atmosféricos, leva um espaço de tempo considerável.

Por que, filho meu, entregar-te a tanta ansiedade? Acalma o teu coração aflito, e procura aguardar as condi-

186

ções necessárias para poderes alcançar com sucesso, as coisas que mais desejas.

O Sol não se põe antes da hora prevista e a claridade do dia não rompe as trevas da noite, antes do amanhecer. Espera, pois, com paciência, que os acontecimentos se realizem quando o momento for apropriado. Com precipitação, nada se consegue de bom.

Mas, enquanto esperas, movimenta teus braços de alguma forma e usa o teu coração para estender amor ao teu redor, porque saber esperar, não é cruzar os braços e permanecer na ociosidade, na expectativa inoperante. Trabalha, luta, esforça-te, espalhando o bem o quanto possas e, no momento que a Deus aprouver, as coisas que tanto buscas e por que tanto esperas, poderão se realizar por si sós. Basta saber esperar.

Sem desânimo

"Prossigo para o alvo." – Paulo *(Filipenses, 3:14)*

Nas lutas do cotidiano, não te entregues ao desânimo, se não consegues realizar os teus melhores planos.

A vida se faz de lutas constantes para que possas aprender, sempre um pouco mais.

Trouxeste do passado algumas bagagens das aquisições espirituais. Porém, a evolução exige de todos esforço e boa vontade para que se possa atingir um grau superior de evolução.

As águas que brotam na fonte vão engrossando pouco a pouco, à medida que outros veios do precioso líquido se juntam a elas, até tornar-se uma correnteza maior e atingir a amplitude de um rio.

Assim também tu, meu irmão, procura acrescentar à alma algo que te engrandeça interiormente, buscando nas fontes eternas de amor e de sabedoria, aquilo que ainda esteja faltando na tua busca de conhecimentos e de luz interior.

Não desanimes jamais. Estuda, trabalha, procurando agir constantemente, não só em benefício de ti mesmo, daquilo que tentas alcançar, mas estende ao próximo um pouco das tuas aquisições, não apenas no campo material, mas, sobretudo, em amor e entendimento que possam apaziguar os corações em desespero.

Confia em Deus, ampara-te em Jesus, buscando transformar tua própria vida, num manancial perene de luz e de paz.

Sigamos o Cristo

"Se alguém me serve, siga-me."
– Jesus (João, 12:26)

Não busquemos o Cristo, apenas movidos por interesses particulares. É preciso que, antes, saibamos segui-lo, por muito amá-lo.

Não basta ao discípulo fiel, consolar-se em suas aflições com o bálsamo suave dos ensinamentos de Jesus. Necessita, para consolidar esses ensinamentos na própria alma, colocá-los em prática.

Jesus, o Divino Mestre, não apenas transmitiu as Verdades aos discípulos, pelas palavras repletas de sabedoria e de amor, mas, acima de tudo, por seus exemplos constantes.

Seguir a Jesus, não é somente buscá-lo através da prece ou por demonstrações exteriores de fé. Seguir a Jesus é fazer da própria vida, uma constante demonstração de amor ao próximo.

É assim, filho meu, que deverás agir, dando constantes testemunhos de fé, através dos atos que praticares, em função do bem alheio.

Esquece um pouco as próprias dores, angústias e aflições, para levar socorro aos irmãos que passam por duras

190

e dolorosas provações, apaziguando os corações aflitos, consolando os desesperados, soerguendo aqueles que se encontrem desanimados, fazendo aos irmãos em Deus, o que gostarias que te fizessem.

Estende paz, onde os atritos tornem a vida um tormento constante.

Estende amor, onde o ódio incendeie os corações.

Estende alegria, onde a tristeza persista em permanecer.

Estende esperança, onde a desilusão pela própria vida, possa trazer vontade de morrer.

Através da fé que demonstrares possuir e dos atos de amor que souberes praticar, estarás dando testemunho de que és, verdadeiramente, um seguidor do Cristo.

Sintonia

"Permanecei em mim e eu permanecerei em vós."
– Jesus (João, 15:4)

Regendo tua vida nos moldes dos ensinamentos do Mestre Jesus, estarás em constante sintonia com as forças sublimes do Alto, que te permitirão usufruir das benesses celestiais, mesmo ainda prisioneiro desse mundo material.

Faze de todos os teus atos, uma dedicação total ao próximo, lembrando-te sempre de suprir-lhe as necessidades mais prementes, sejam as do corpo ou as da alma.

Faze, na emissão de todos os teus pensamentos, com que o amor emane de ti e alcance os objetivos de levar paz aos corações aflitos e angustiados.

Faze com que tuas palavras se transformem num hino de amor e de esperança, a fim de que soergam os caídos da vida, onde a desilusão possa ter anulado a própria fé.

Faze, enfim, ao teu próximo o que a vida te negou ou o que gostarias que te fosse feito, se um dia os resgates a que fizeres jus, te levarem a iguais situações de carências materiais ou afetivas.

Procura manter-te em permanente sintonia com o

192

Mestre Jesus e não, com as forças do mal. Se com ele estiveres, certamente também ele estará contigo, amparandote, socorrendo-te e incentivando-te as forças e a coragem, para que prossigas servindo, sempre mais e mais.

Socorro oculto

"No vosso mundo, tendes necessidade do mal para sentir o bem, da noite para admirar a luz, da doença para apreciar a saúde." – E.S.E. (Cap.3 – item 11)

Deus age por meios que desconheces. Aquilo que hoje te parece difícil e sem solução, é a vontade d'Ele, agindo em teu favor, para que te esforces um pouco mais.

Quando os aborrecimentos surgem, inundando de mágoas o teu viver, se pensares nos outros aborrecimentos que já foram superados, saberás compreender que, às ocultas, Deus age para o teu bem.

Nem sempre percebes, nos transtornos da vida, que o Pai está atento para que busques, por ti mesmo, as respostas para as tuas indagações.

Não te desesperes, pois, quando a vida se te apresenta como um enigma a ser desvendado. Esforça-te, ora e confia. Deus estará por trás, dirigindo-te os passos, para que encontres, no tempo certo, as soluções que não consegues ainda encontrar.

Cada momento difícil, cada instante de dor, cada acontecimento que te derrube, são oportunidades que Deus, ocultamente, te oferece para o teu crescimento interior.

Na própria Natureza, Deus age constantemente, no

194

renovar das plantas, no desabrochar das flores, no amadurecimento dos frutos, na proteção aos animais, na chuva que devolve o frescor ao solo ressequido, nos ventos que limpam e purificam o ar...

Observa atentamente, e também perceberás que, em cada dificuldade que enfrentas, se encontra alguma nova lição que necessitas aprender.

Assim, de luta em luta, de dor em dor, irás vencendo as mágoas, os problemas e todo sofrimento que a vida possa te trazer.

Agindo às ocultas, Deus te ampara, a fim de que tua alma conquiste o amor, o perdão, a piedade e todas as virtudes de que ainda careces, para a felicidade poderes alcançar.

Tempo de mudança

"E não vos conformeis com este mundo, mas transformai-vos..."
– Paulo (Romanos, 12:2)

Permaneces na vida, entre os diversos afazeres, num desânimo total. Reclamas que a vida é monótona, que a rotina diária te cansa, que nada acontece de diferente e melhor para alegrar o teu viver.

Continuas, porém, com os mesmos hábitos, com as mesmas imperfeições e a persistir nos mesmos erros. Já te acostumaste a ser como és, sem pensar na necessidade de mudar.

Contudo, filho meu, não percebes que é chegado o tempo de mudança interior?

Ausculta os teus sentimentos, observa as tuas atitudes e analisa a ti mesmo para verificar o que precisas modificar, o que de bom e de ruim tens praticado na vida. Para isso, não permitas que o egoísmo te encarcere dentro dos teus limites e das próprias necessidades.

Por que não observas se as necessidades alheias não são maiores que as tuas? Por que não estendes o olhar para abranger, com o teu carinho, aqueles que passam por duras e dolorosas provações? Por que não abres o coração para o amor desinteressado? Por que não perdoas aqueles que, de

196

alguma forma, te feriram?

Sim, é chegado o tempo de mudança, mas de mudança interior. Não apenas mudanças externas pelas modificações aparentes, mas mudança de pensamentos e sentimentos que te levem a agir de outra forma, com mais interesse pela vida, com vistas à tua evolução.

Continua no teu labor diário, porém, buscando nas fontes eternas de Amor e de Sabedoria, a força e a coragem que te faltam para a conquista de uma mudança radical dentro de ti mesmo. Mudança gera progresso. Lembra-te disso, filho meu.

Sem te acomodares ao que o mundo possa te oferecer, reage à apatia que te envolve, rechaça quaisquer acomodações ao desânimo e à negatividade, reergue-te do teu comodismo exagerado e luta contra as tuas imperfeições.

Busca o crescimento interior, assim como procuras uma luz que clareie a mente, a fim de que vislumbres a meta desejada. Só assim, vencerás a ti mesmo e te aproximarás de Jesus, deixando para trás aquele "homem velho", que sempre foste e fazendo surgir em ti um "novo homem", renovado interiormente, para a glória do teu ser.

Testemunhos

"Se sabeis estas coisas, bem-aventurados sois se as fizerdes."
– Jesus (João, 13:17)

A vida se constitui de aprendizado constante. Através das diversas situações que encontra no desenrolar de múltiplas existências, o homem vai adquirindo experiências para seu crescimento interior.

Em cada encarnação, um novo recomeço. Normalmente, vai passando da infância à maturidade até chegar à velhice, aprendendo e reaprendendo sempre mais e mais, até que as lições recebidas se fixem, não apenas no cérebro, mas na consciência, para automatização das atitudes no bem. É assim que, para testemunhar o seu aprendizado, surgem ocasiões em que precisa pôr em prática as lições que a vida lhe tenha ensinado, pois, não basta saber, é preciso fazer.

Assim, filho meu, quando a vida cobrar muito de ti, não te sintas em desespero, nem te coloques em posição de desânimo, com desejos de recuar. É hora de, munindo-te de coragem e paciência, demonstrares que já fixaste as lições recebidas, para que possas te promover a um grau superior de evolução espiritual.

Se a dor ensina e se a luta fortifica, o testemunho é a

oportunidade de provar que já estás em condições de merecer uma vida mais amena, sem tantos sofrimentos como ainda hoje possas ter.

E, se a luta da vida te trouxe ensinamentos, enriquece-te com os dons espirituais de sabedoria e de amor, através do estudo e da prática dos ensinamentos de Jesus. É por meio da vivência desses ensinamentos, amando, amparando, perdoando sempre, que poderás te considerar mais um dos bem-aventurados e merecedores das bênçãos de Jesus.

Testemunhos da verdade

"E se vos digo a verdade, por que não credes?"
– Jesus (João, 8:45)

Os ensinamentos que recebeste e que ainda recebes constantemente, representam a restauração da Verdade que Jesus trouxe, através de suas palavras e dos seus exemplos.

Procura, assim, filho meu, também dar exemplos daquilo em que crês, para que outros irmãos possam igualmente crescer em fé e buscar na vida, caminhos que os conduzam ao Reino de Jesus.

Não permitas que quaisquer dúvidas possam ser inseridas em tua mente, para o teu coração se ressentir e se entregar ao desânimo.

Se Jesus veio trazer a mais pura Verdade e, se a doutrina que hoje abraças é a expressão dessa Verdade, por que duvidar? Mantém a fé viva e prossegue na luta de espalhar o bem. Sê transparente em tuas atitudes. Sê a personificação da bondade. Sê humilde sempre.

Não te deixes contaminar por aqueles que ainda não

200

possuem suficiente fé e amor no coração.

Confiante nas lições do Mestre que já pudeste conhecer e nos ensinamentos da doutrina que te conduz pelos caminhos da luz, não recues nos passos evolutivos que já deste, só porque deixaste que alguma dúvida penetrasse em tua mente, quando nem tudo aconteceu como gostarias que acontecesse.

Ama, abençoa e perdoa sempre, procurando, mesmo nas horas de maior aflição, dar testemunhos da Verdade que o Cristo veio trazer, para que outros irmãos também possam ser por ela beneficiados.

Teu corpo, teu tesouro maior

"Digo-vos, pois: Andai segundo o Espírito, e não satisfa-
reis os desejos da carne." – Paulo (Gálatas, 5:16)

Preserva o teu corpo, filho meu, pois é, através dele, que o teu espírito poderá se libertar de muitas das tuas imperfeições.

Caminhaste pela vida até então, em busca de prazeres que te satisfizessem os sentidos e, com isso, muito prejudicaste o vaso físico que te foi dado para o teu espírito se aformosear.

Abusos de toda espécie cometeste, sem que cuidasses de preservar a saúde, que hoje se ressente.

Reclamas agora das dores que te atingem, mas esqueces dos desregramentos que cometeste.

Lastimas por não poderes continuar nos teus desatinos, porque o teu corpo lesado se ressente do mal que a ele mesmo fizeste.

Porém, sempre é tempo de parares para pensar e para buscar outras atitudes na vida.

Olha para ti mesmo, examina teu corpo e lembra que

202

Deus, na Sua infinita sabedoria e misericórdia, te proporcionou um vaso físico moldado de acordo com as tuas necessidades de evolução espiritual.

Procura ainda verificar, como o tens usado na ajuda ao teu próximo.

Observa as tuas mãos. Com elas, poderás construir ou destruir, afagar ou agredir, curar ou escrever aquela mensagem de afeto.

Com teus braços, poderás soerguer os caídos ou agredir os que estiverem a te prejudicar.

Com tuas pernas, poderás caminhar em busca do trabalho que engrandece ou percorrer caminhos que degradam.

Teu corpo é, sem dúvida, o teu maior tesouro. Não te acredites assim, sem condições de auxiliar a quem necessite de amparo, simplesmente porque te faltem alguns recursos financeiros ou ainda porque a saúde precária te impeça de praticar algum bem.

Esforça-te, liberta-te da apatia que te envolve e do egoísmo que ainda te enclausura e parte, sem demora, para a realização de algo que te enobreça diante dos olhos de Deus. À medida que praticares a caridade, as dores que te atingem, se amenizarão.

Tudo chega e passa

"E assim, não andeis inquietos pelo dia de amanhã."
– Jesus (Mateus, 6:34)

Seca tuas lágrimas, meu irmão. Tudo chega e passa.

Se hoje a angústia toma conta do teu ser... se a tristeza faz morada em teu coração...se a revolta põe tua mente em polvorosa...e, se as preocupações fazem da tua vida um tormento constante, não te desesperes.

O que hoje sofres, certamente é resultado de atos inconseqüentes que praticaste no ontem. Aproveita, pois, a lição que a vida esteja a te ensinar.

Pára um pouco no teu caminhar, reflete em tudo o que passas e indaga de ti mesmo, o que poderás fazer para reverter as situações conflitantes que atravessas.

Não percas a fé. Confia em Deus Pai, que dá a cada um, na medida das suas necessidades. Ora, não só pedindo, mas também agradecendo pela dor ou pela dificuldade de hoje, pois, através delas, resgatarás os teus débitos perante a Justiça Divina. E, de cada problema, de cada dificuldade, procura tirar alguma lição.

Se hoje a dor te oprime o coração e se a incerteza do porvir te traz dúvidas e aflições, recorda que, na vida, nada é para sempre. Tudo chega e passa... Assim, não sofras hoje

204

pelo que possa vir no amanhã.

Vive o hoje com alegria e bom ânimo, embora as dificuldades e as incertezas pelo que ainda estejam por acontecer. Trabalha em favor do bem e Deus trabalhará em teu favor.

Varas secas

"Eu sou a videira, vós as varas." – Jesus (João, 15:5)

Jesus tem sido por todos os tempos, a videira divina que, sob a supervisão de Deus, o supremo lavrador, tem produzido frutos de amor e de paz para suprir as necessidades espirituais dos homens.

Nós, criaturas humanas, somos as varas dessa videira, por onde a sua seiva generosa percorre, para que também possamos produzir o bem em favor do nosso próximo.

Dentro da nossa pequenez, porém, nada faríamos sem que a seiva divina nos alimentasse a alma, sustentando-nos a fé e a coragem de prosseguir na realização do bem.

Inspirados por Jesus e, por ele fortalecidos, conseguiremos distribuir aos irmãos necessitados de alguma forma de auxílio, tudo o que o nosso coração determinar.

Mas, se nos negarmos a auxiliar, concentrados apenas em nós mesmos, nos nossos direitos e necessidades, deixando-nos contaminar pelas pragas do orgulho e do egoísmo, transformaremos a nós mesmos em varas secas que nada produzirão.

Sem o Cristo, todas as nossas realizações no bem, estarão destinadas ao fracasso. É a sua essência divina que nos nutre de energias para não mais agirmos como varas secas

206

que nada conseguem produzir.

E, como tal, estaremos destinados ao fogo depurador dos sofrimentos, a fim de que, renovados interiormente, possamos prosseguir em nossas lutas evolutivas, não mais como varas secas e sim, como varas regeneradas e viçosas, prontas a florescer e a dar bons frutos, colaborando com o Divino Mestre, na extensão do bem sobre a Terra.

Vive o hoje

"Não andeis inquietos pelo dia de amanhã (...) ao dia de hoje basta a sua própria aflição." – Jesus (Mateus,6:34)

Vive o hoje com alegria, mas consciente dos teus atos. Esquece o que foste e o que fizeste no passado, e prepara o teu futuro, fazendo agora, o que ontem não fizeste.

Aproveita as oportunidades que surgem em teus caminhos, fazendo-te melhor a cada dia, corrigindo tuas próprias falhas e reconstruindo o teu viver de um modo mais pleno e com mais lucidez.

Afasta as excessivas preocupações pelos dias de amanhã, pois, como disse Jesus, "Ao dia de hoje basta a sua própria aflição".

Se tiveres fé, saberás que não estás desamparado em teus caminhos evolutivos. O amor de Deus atrai todos para Si. Esforçando-te, porém, modificando o que precisa ser modificado, superando as tuas limitações e inseguranças, vencerás a ti mesmo para que d'Ele possas te aproximar, um dia.

Se a vida se constitui de lutas constantes, trabalha, esforça-te, vive o presente, mas estende o teu olhar mais além, para que alcances horizontes mais amplos.

Não cristalizes a tua mente num passado que não vol-

208

ta mais e, não te atormentes nem te desesperes, sofrendo por antecipação, por tudo o que o futuro ainda venha a te proporcionar.

Afasta as nuvens negras que estejam plasmadas em tua mente, deixando que o sol volte a brilhar, iluminando-te os passos na busca de um amanhã mais ameno.

Vive o hoje, fazendo o bem que puderes, procura suavizar as agruras da vida, aceita todas as tuas provações, como justas e necessárias, mas sem perderes a alegria e o prazer de viver.